유학원이
알려주지 않는
진실

유학원이
알려주지 않는 **진실**

초판 1쇄 | 2014년 3월 20일

지은이 | 강태호
펴낸이 | 설응도
펴낸곳 | (주)고려원북스

편집장 | 김지현
책임편집 | 최현숙
마케팅 | 정범모
경영지원 | 설효섭

출판등록 | 2004년 5월 6일(제16-3336호)
주소 | 서울시 광진구 천호대로 107길 7(중곡동, 7층)
전화번호 | 02-466-1207
팩스번호 | 02-466-1301
전자우편 | koreaonebook@naver.com

ISBN 978-89-94543-63-5 13740

Copyright ⓒ Koreaone books, Inc., 2014, Printed in Korea
이 책의 저작권은 저자와 출판사에 있습니다.
서면에 의한 저자와 출판사의 허락 없이 책의 전부 또는 일부 내용을 사용할 수 없습니다.

유학원이 알려주지 않는 진실

강태호 지음

(주)고려원북스

● 저자의 글

유학가기 전
본인의 유학계획을 적어보세요

1+1! 하나 구매하면 하나를 더 드립니다.

친구 한 명을 소개해줄 경우, 10만 원 추가 할인 혜택!

대형마트에서나 볼 수 있을 법한 마케팅 문구를 인생을 좌우할 수 있는 유학원에서도 너무나 쉽게 볼 수 있습니다. 물론 저렴하게 유학을 갈 수 있다는 면에서는 좋은 현상이라고 할 수 있겠죠. 예전처럼 '유학수속료'가 존재하던 시대와는 달리, 서비스 전쟁이 벌어져 더 많은 수의 학생들이 저렴한 금액으로 더 많은 혜택을 받을 수 있는 세상을 나쁘다고 말할 수는 없습니다.

그렇지만 몇몇 '비즈니스맨'들이 운영하는 유학원으로 인해 교육적 마인드를 가진 유학원들이 경영부실을 겪게 되어 줄도산하고 있는 현실에 마냥 웃을 수만은 없습니다. 이런 유학원은 정상적인 서비스 경쟁이 아니라, 유학원 본래의 의무를 배제한 가격 경쟁만을 부추기는 곳이기 때문입니다.

비즈니스 마인드만 가진 이런 유학원들은 소비자, 다시 말해 학생들과 자녀의 유학을 고민하는 엄마들에게 처음에는 투자라는 명목 하에 한 푼 남기지 않을 작심을 하고 유학 프로그램을 판매합니다. 문제는, 소비자들에게 가장 저렴하게 유학을 갈 수 있는 곳이라는 인식이 심어지고 난 후부터 유학원이 검은 속내를 드러낸다는 점입니다. 저렴하게 유학을 갈 수 있다는 인식이 퍼지면 그 다음부터는 자신의 유학원과 긴밀한 관계를 맺은 학교로만 학생들을 소개하며 '판매'를 시작합니다. 당연히, 그 피해는 고스란히 소비자들이 떠앉습니다.

그렇지만 학생들과 엄마들은 그런 '불편한 진실'을 모릅니다. 오히려 인터넷으로 유학정보를 습득하는 요즘 소비자들은 거대 자본력에 장악되어 조작된 유학정보를 사실인양 오해하고 있습니다. 사정이 이러하니 정상적인 영업을 하며 실질적 수입(학교소개에 따른 광고지원비)을 올리고 있는 유학원들에게 '사기' 당했다고 생각하는 것이 현재의 상황입니다.

소비자들이 생각할 때는 유학원의 존재가 중간 브로커 개념으로 인식될지 모르겠지만, 본래 유학원은 제대로 된 학교를 소개시켜주어 학생이 유학을 성공적으로 마치고 사회의 중요 구성원이 될 수 있도록 도와주는 조력자의 역할을 하는 것입니다.

현재 유학원들은 영락없는 '브로커'입니다. 사실 유학원의 권위가 이렇게까지 추락한 것은 학생들 잘못이라기보다는 유학원들 잘못이 큽니다. 실제 대부분의 유학원들은 상도를 벗어난 영업방식에 너나 할 것 없이 뛰어들고 있습니다. 맛집으로 유명한 삼겹살집 바로 옆에 500원 저렴하게 파는 삼겹살집이 여럿 생겨, 결국 모두 재미를 보지 못하는 것과 같다고 생각하면 됩니다. 유학원 영업 방식이 제 살 깎기 운영으로 바뀌었고, 그것이 지금의 유학 현실이 되었습니다.

유학원들은 전문가 집단이라는 권위를 스스로 내버린 꼴이 되고 말았습니다. 제대로 된 유학지식을 통한 경쟁보다는, 가격과 서비스로만 승부하는 방식으로 스스로 바꾼 지경에 내몰렸습니다. 물론 학생들에게 좋은 서비스 마인드로 응대하는 것은 당연합니다. 또한 유학원이 서비스직으로 분류된다고 이를 잘못되었다고 평가하는 것도 아닙니다. 그렇지만 유학업은 절대로 '내공' 없이 상담을 해서는 안 되는 직업입니다. 한 사람의 인생이 달릴 수도 있는 유학길에 아무런 지식 없이 '말 빨 좋은' 사람이나 '글 솜씨 좋은' 사람이 잘못된 유학 상담을 한다면 그의 인생이 망가질 수도 있는 문제이기 때문입니다. 현재 대부분의 유학원들이 유학에 관한 관련 전문지식 없이 오로지 모객을 위한 마케팅 방법만을 배우고 있습니다.

그러다보니 실용적이고 개인에 도움이 되는 유학 상품보다는 대형마트 기획 상품을 만드는 식의 유학 상품만 나올 뿐입니다. 사정이 이렇다 보니, 오랜 경력으로 유학지식이 축적된 사람은 유학 시장에서 퇴출되고, 오로지 마케팅만 잘 하는 비즈니스맨들이 유학시장을 장악하고 있습니다. 실제 그런 유학 현실은 고스란히 소비자들에게 피해를 주고 있습니다.

유학사기 사건이 심심찮게 보도되고 있는 최근의 경향을 살피면, 그런 현실을 잘 보여준다 할 수 있겠네요. 많은 학생들과 학부모들이 지금 이 순간도 잘못된 유학 상담으로 인해 혹은 유학사기 사건에 연루되어 정신적, 물질적 피해를 보고 있습니다. 이런 경우 유학사기 사건을 구제할 수 있는 곳으로 '한국유학협회'가 있습니다. 아마도 많은 이들에게 한국유학협회는 생소한 단체일 겁니다. 현재는 많은 유학원들이 유학원의 교육적 의무를 강요하는 유학협회에 가입을 하고 있지 않는 상황이지만, 실제로 과거부터 지금까지 교육적 마인드를 가진 유학원들이 모여 건전한 유학문화를 만들려고 노력하는 곳이 한국유학협회입니다.

실제 한국유학협회는 유학사기 사건으로 피해를 입은 소비자들의 권리를 위한 유학신문고 제도를 운영하고 있으며, 현재 여러 가지 잘못된 유학원 관행을 고치기 위한 '유학법'을 발의할 수 있도록 힘을 모으고 있습니다. 안타깝게도 현재까지 한국유학협회는 큰 성과를 내지는 못하고 있습니다. 독자들은 유학원 창업에 필요한 것이 무엇이라고 생각하십니까? 사무실 임대료와 마케팅 비용만 감당할 수 있으면 창업이 가능한 지금의 유학원 창업 현실에서 교육적 의무를 강조하는 한국유학협회의 간섭이 눈에 들어올 리가 없습니다. 또한 서비스와 마케팅의 힘으로 장악한 유학원의 입지를 전문가 교육시험을 통한 자격증 발급제로 바꾸겠다는 한국유학협회의 취지가 반가울 리도 없을 겁니다.

물론, 현실이 이렇게 되기까지 문제해결을 하지 못한 한국유학협회에도 문제가 있는 것은 분명합니다. 그렇지만 지금이라도 방만한 운영을 반성하고 소비자들이 더 이상의 피해를 받지 않도록 유학법을 상정하려는 노력은 그래서 더욱 반갑습니다.

유학은 저렴하게 구매하는 대형마트 기획상품이 아닙니다. 저렴한 가격에 맞춰서 자신의 인생을 유학원에 맡기는 우를 범해서는 안 됩니다. 실제로 학생들이 유학원에 대해 잘못 오해하는 것 중의 하나는 저렴한 비용으로 학교에 보내는 것이 유학원의 능력이라는 점입니다. 학생들이 유학을 마치고 돌아오는 마지막 날까지 물심양면 뒷받침하며, 사회의 구성원이 될 수 있도록 돕는 것이 유학원의 역할입니다.

그러나 실제로 저렴하다고 선택한 유학원들의 대부분은 학비 보내놓고 나 몰라라 하는 것이 대부분입니다. 그런 유학원들과 달리 교육적 마인드를 가진 유학원들은 학생이 유학에 성공하는 그날까지 조력자 역할을 합니다. 또한 학생들이 정규 유학 선택 시 장학금을 받을 수 있도록 도와 실제로는 학생들의 경제적인 부담을 조금이라도 덜어주는 역할까지 하는 것이 제대로 된 유학원입니다. 실제 그런 유학원들은 유학 수속을 진행할 때 '어학연수 절차대행 표준약관'을 통해 유학원의 의무에 대해서 학생들에게 설명하고 있습니다.

가격경쟁으로 선택한 유학원은 유학 시 문제가 발생한다고 하여도 어디 하소연할 곳이 없습니다. 본인이 유학원의 의무를 '저렴한 어학연수'로 권한지어 선택했기 때문입니다. 그렇지만 교육적인 마인드가 있는 유학원들은 박리다매로 운영하는 유학원하고는 다르게 저렴한 학비로 학생을 모객하지 않으며 학생의 장래를 위한 상담을 하고 있습니다.

이 책을 집필하면서 수없이 많은 유학원과 어학교를 조사했습니다. 많은 관계자들을 만나면서 어떤 이들은 잘못된 유학원에 대해 알린다는 사실을 그다지 달가워하지 않는다는 반응을 많이 접했습니다. 설사 잘못된 유학원 현실을 알리더라도, 그 현실이 개선되기보다는 판도라의 상자를 여는 형국이 될 것이라고 우려를 표명했습니다.

유학원을 마냥 비판하려는 의도로 이 책을 집필한 것은 아닙니다. 이 책은 유학원의 잘못된 관행을 고치고, 한 사람이라도 더 많은 수의 고객들이 만족할 수 있는 유학원으로 거듭나야, 시장판이 되어버린 유학 현실을 고칠 수 있다는 믿음으로 만들게 되었습니다. 현재는 빨간약으로 치유할 수 있는 정도의 외상만 입은 상태입니다.

뼈저린 반성과 함께 지금이라도 늦었다고 생각하고 치료한다면, 예전처럼 교육적인 마인드를 가진 유학원들이 흥하게 되는 시대가 다시 올 거라고 생각합니다.

많은 유학원들이 자기반성 없이 일부 몰지각한 유학원들 때문에 유학시장이 시장판이 되었다며 혀를 차고 있습니다. 그렇지만 그런 자세로는 잘못된 유학시장을 바꾸지 못합니다. 그 동안의 잘못된 점은 서로 인정하고 수정, 보완해야 스스로 져버린 유학원의 권위를 세워 나갈 수 있습니다.

유학을 꿈꾸고 실행에 옮기는 사람들은 점차 많아지고 있지만 성공적인 유학생활을 하는 학생들은 여전히 드뭅니다. 유학 간 학생들의 의지가 가장 먼저 비판의 대상이 되겠지만, 학생들의 미래를 생각하지 않은 채 오로지 학생 한 명 한 명을 상품으로만 인식하는 유학원들이 많기 때문에 그런 현상이 벌어진 것이 아닐까요?

유학은 실제로 정확한 정의를 내릴 수 없습니다. 현재 인터넷 검색 상단에 노출되고 있는 대부분의 유학 정보는 개개인이 만족할 수 있는 정보가 아닙니다. 어떤 이는 날씨에 민감하고, 어떤 이는 내성적이고, 어떤 이는 가리는 것 없이 어떤 음식이든 잘 먹듯이 각자 개인마다 성향이 있습니다. 그리고 유학도 그에 따라 맞춤형 상담이 이뤄져야 합니다.

지금의 유학 형태로는 데커레이션만 화려한 상자를 만들어놓고 학생들을 그 안에 구겨 넣듯이 집어넣는 식의 유학 프로그램만 만들어질 뿐입니다. 그 유학원 장단에 학생들이 놀아나고 있는 것이 현실입니다. 저는 의아합니다. 몇 천 원, 몇 만 원짜리 물건을 하나 사려 해도 이것저것 꼼꼼히 따져보는 사람들이 왜 최소 몇 백 만원에서 수천 만 원까지 지불해야 되는 유학에는 그리 조심성 없이 유학수속을 맡기는지요. 최소한 유학수속을 맡기기 전 세 군데에서 다섯 군데 정도의 유학원을 찾아가 상담해 보고, 본인의 인생을 위한 조언을 해줄 수 있는 유학원을 선택하길 바랍니다.

앞으로 이 책에서 여러 번 언급이 되겠지만, 유학원은 교육적 사명감을 가지고 운영이 되어야 합니다. 글로벌 경쟁력을 구축하는 데 있어 유학은 선택이 아닌 필수인 시대가 되었기 때문입니다. 몇몇 잘못된 유학원들의 행태로 인해 실제 학생들의 미래를 설계해주는 교육전문가들이 도매금으로 취급받는 현실이 그래서 더욱 안타깝습니다. 그런 점에서 이 책에서는 몇몇 유학원들이 말해주지 않는 진짜 유학 이야기와 일반 소비자들이 모르는 잘못된 유학원 정보에 대한 이야기를 독자들에게 바로 전하여, 유학원 선정 시 유용한 '팁'으로 활용할 수 있게끔 했습니다. 이 책에서 유학원들이 말해주지 않는 진짜 유학 이야기와 일반 소비자들이 모르는 잘못된 유학원 정보에 대해서 이야기할까 합니다. 또한 유학생으로써 가져야 되는 마음가짐에 대해서도 유학 선배로서 따끔한 조언을 아끼지 않겠습니다. 유학원 상담을 가기 전 미리 알아야 하는 유학정보와 상식을 알려주어 '눈 뜨고 코 베이는' 일이 없도록 하겠습니다.

이 책이 시장판이 되어버린 유학업계가 바뀌는 현실에 일조하기를 희망합니다. 또한 몇몇 무책임한 유학원들의 행동으로 인해 모든 유학원들이 '브로커'로 취급받는 현실이 개선되기를 바랍니다. 학생 하나하나를 돈으로만 생각하는 유학원들이 흥하는 시대가 아니라, 교육은 백년지대계라는 신조를 가지고 학생들에게 맞춤형 상담을 통해 미래를 설계해주는 '교육 장인'들이 존경받고 대우받는 유학시장이 되기를 희망합니다.

이 책이 출간되기까지 저를 믿고 지원을 아끼지 않은 유학원 관계자 여러분들과 학교 관계자 분들에게 감사의 뜻을 전합니다. 정신적으로 힘을 주셨던 김성렬 교수님을 비롯한 여러 교수님들께도 감사드립니다. 원광 장애인복지관 식구들, 미스테리 모임, 중랑문인협회, 사랑하는 가족들에게도 감사를 전합니다. 마지막으로 부족한 원고를 책으로 만들어 주신 고려원북스 가족 여러분에게도 감사의 말씀드립니다.

저자의 글 유학가기 전 본인의 유학계획을 적어보세요 • 5

유학원이 알려주지 않는 진짜 유학 이야기 20

01_ 대학부설은 단점만 있고, 사설학교는 장점만 있다? • 21
02_ 유학원에는 '작가' 출신이 우대 받는다? • 24
03_ 지식in 질문, 검색? 돈 없는 유학생의 질문은 '안물안궁'! • 26
04_ '영어권 유학전문' 유학원이 '필리핀 유학전문'으로 바뀐 이유 • 28
05_ 유학원이 인턴의 정의를 바꾸고 있다 • 30
06_ 어학원 리노베이션 공사비까지 포함되는 비싸진 필리핀 유학 비용의 불편한 진실 • 33
07_ 수속료를 받지 않는 것이 오히려 유학의 질을 떨어뜨리는 박리다매 식 유학의 시대를 불러왔다! • 35
08_ '명품' 조기유학시장이 형성된 것은 과연 누구의 책임인가? • 37
09_ 한국인 비율이 낮은 곳이 좋은 학교다? 과연? • 39
10_ 잘못된 조건부 입학은 유학이 아니라, 인생을 망칠 수 있다? • 41
11_ 유학원은 '대기만성' 아이가 봉이다 • 45
12_ 영웅으로 만들고, 영웅을 이용해 영업하는 유학원들 • 47
13_ 휴양지 근처 어학원은 복불복이다 • 50
14_ 최신 트렌드, '유학프로그램'에서 확인하라? • 52
15_ '영주권학과'가 도대체 무엇인가? • 54
16_ 남 헐뜯으며 홍보하는 유학원들 • 56
17_ 유학원 내 최저가는 '팔리지 않는 상품'이라고 보면 된다 • 58
18_ 유학원은 서비스직인가, 전문직인가? • 60
19_ 비자용 학교는 또 무엇이란 말인가? • 62
20_ 누가 유학원의 한국유학협회 탈퇴를 종용하나? • 64
   • 유학수속 표준 약관 • 67
   • 어학연수 절차대행 표준약관(계약서) • 70

CONTENTS

유학에 대한 14가지 오해

01_유학원을 끼지 않고 가는 것이 저렴하다? • 77
02_미국비자 거절은 유학원 능력 밖의 일이다? • 79
03_학비는 꼭 유학원으로 송금해야 된다? • 81
04_유학박람회 기간이 가장 저렴하다? • 83
05_유학원이 제공하는 서비스를 이용하는 것은 모두 손해다? • 85
06_싼 가격으로 유학 갈 수 있게 하는 게 유학원의 힘? • 87
07_한국에서의 학교 등록보다 현지 등록이 더 저렴하다? • 89
08_유학박람회 참여 안하는 유학원은 볼 것도 없다? • 91
09_같은 날, 같은 기간 가면 학비는 다 똑같다? • 93
10_유학원 직원은 트레이너이자 감독이다? • 95
11_검색 상단의 노출 순위가 유학 지식의 깊이는 아니다! • 97
12_유학프로그램은 정찰제가 가능한가? • 99
13_전문가 프로그램 vs 비전문가 프로그램을 구분해라! • 101
14_유학원 창업은 돈 없어도 가능하다? • 103

유학가기 전 꼭 들어야 하는 20가지 독설

01_어학연수를 가는 것인가, 스카우트되어 해외취업 가는 것인가? • 107
02_천재도 본인의 재능에 맞춰서 노력했기에 성공할 수 있었다 • 109
03_과거는 바꿀 수 없지만 미래는 내 의지로 달라질 수 있다 • 111
04_공부의 기회를 놓치지 마라 • 113

05_이태원 외국인이 될 것인가, 스티브 잡스가 될 것인가? • 115
06_당신은 서커스의 사자가 아니다 • 117
07_유학은 마라톤 코스가 아니라 러닝머신 코스다 • 119
08_외국대학은 한국대학이 아니다 • 121
09_학벌사회를 욕하기 전에 서울대를 가라! • 123
10_술주정이 아닌 스토리텔링이 되는 경험을 하고 와라! • 125
11_도전의 기회는 때가 있다 • 127
12_순간을 즐기는 사람이 아닌 과정을 즐기는 사람이 되라 • 129
13_자신이 보고 싶은 것만 보지 말고 현실을 봐라 • 131
14_새장 속을 떠나 세상을 품어라! • 133
15_이민, 선택해서 가는가? 퇴출되어 떠나는가? • 135
16_아무리 훌륭한 코치도 마이클 잭슨을 알리로 만들 수는 없다 • 137
17_투자 없이 성공도 없다 • 139
18_초등학생이 왜 대학생 책을 보며 공부하나? • 141
19_당신은 유죄인가? 무죄인가? • 143
20_기억은 기록이 아닌 해석이다 • 145

유학원 선정 시 반드시 고려해야 할 사항

01_인터넷 정보를 맹신하지 마라! • 157
02_파격적인 제안, 한 번쯤 의심하라! • 159
03_브랜드를 보지 말고 제품을 봐라! • 161
04_저렴한 학비만 강조하는 유학원을 조심하라! • 163
05_한두 가지가 아닌, 여러 다양한 방향 제시를 하는 유학원을 찾을 것! • 165

CONTENTS

Chapter 5 각 나라별 유학 필수 Q&A정보

- **01**_필리핀유학 Q&A • 169
- **02**_호주유학 Q&A • 185
- **03**_뉴질랜드유학 Q&A • 193
- **04**_미국유학 Q&A • 197
- **05**_캐나다유학 Q&A • 205
- **06**_영국유학 Q&A • 210
- **07**_아일랜드유학 Q&A • 214
- **08**_기타 유학연수지 Q&A • 218

Chapter 6 유학원 가기 전 반드시 알아야 하는 유학정보

- **01**_각국 대사관 정보 • 227
- **02**_각 나라별 주류 및 담배 허용량 • 228
- **03**_최저가 항공 사이트 정리 • 230
- **04**_각종 영어시험 정보 • 232
- **05**_고급 영어수료과정 총정리 • 241
  - • 전 세계 유학수속 절차 정리 • 245

유학원이
알려주지 않는 진짜
유학 이야기 20

대학부설은 단점만 있고, 사설학교는 장점만 있다?

한글을 배우기 위해 우리나라를 방문하는 외국인의 대부분은 한국의 대학부설 어학교를 다닌다. 서울대 어학당, 고려대 어학당, 연세대 어학당처럼 말이다. 대학의 시설을 통해 한글을 배우는 것이다. 그런데 참 이상하다. 한국 유학생들은 외국에 나가 어학 공부를 할 때 그 나라의 대학부설을 가지 않고 사설학교로 간다. 뭐, 여러 가지 이유가 있겠지만 대부분이 유학원의 '설득'에 의해서다.

물론, 대학부설이 사설학교에 비해 현저히 비싸고 초급자들에게는 가격대비 효율성으로 따졌을 때 사설학교가 더 나은 면이 있는 것이 사실이다. 문제는 유학원들이 대학부설의 단점만, 사설학교에 장점만 이야기하고 있다는 것이다.

평균적으로 사설학교를 말할 때는 자율적인 분위기의 수업과는 별도로, 여러 활동을 통해 외국인 친구를 사귀면서 영어공부를 한다고 말한다. 그러나 상대적으로 소규모의 사설학교 같은 경우는 고급영어과정이 없어, 아카데믹한 공부를 원하는 학생들의 갈증을 해소하기에는 무리가 있다. 이와 달리 대학부설은 상대적으로 사설학교에 비해서 가격이 비싸고 조금은 딱딱한 수업이라 초보자는 그다지 선호하지 않는다. 그렇지만 사설학교에 비해서 상대적으로 수준이 높고 여러 커리큘럼을 가지고 있는 대학부설은 학생들의 학문적 욕구를 충족시켜 준다. 이렇게 사설학교와 대학부설은 장단점이 공존한다. 그런데 몇몇 유학원들은 오로지 사설학교에 장점, 혹은 대학부설의 단점만을 부각시키며 영업을 하고 있다. 그러다보니, 대부분의 학생들은 본인에 맞는 맞춤형 상담을 받는 경우가 거의 없다.

또 하나의 불편한 진실은, 외국 대학부설로 어학연수를 보낼 수 있는 '자격이 있는 유학원'이 국내에 그리 많지 않다는 점이다. 물론 모든 유학원이 대학부설로 학생들을 보낼 수 있다. 그렇지만 몇몇 유학원들이 대학부설 어학교와 계약을 해 광고지원비 혜택을 받고 있다. 그러다보니 어학교와 계약이 체결되어 있지 않은 유학원들은 수익을 감안하여 대학부설로 보내지 않는 것이다. 호주나 영국의 대학부설 같은 경우는 모든 유학원이 광고지원비를 받을 수 있는 반면, 미국이나 캐나다 같은 경우는 거의 대부분이 광고 지원비가 없기 때문에 유학원들이 꺼려하는 경우가 많다는 사실도 알고 있어야 한다.

실제로 유학원이 운영하는 대부분의 커뮤니티에서 대학부설에 대한 장점은 거의 전무하다시피 한 것이 현실이다. 물론, 대학부설이 사설학교에 비해 상대적으로 가격이 비싸 유학생들의 부담으로 추천을 하지 않는 측면도 분명 있기는 하지만, 이윤창출을 위해 사실을 호도하는 경우가 훨씬 더 많다는 것을 기억하고 상담을 받아야 한다. 최소한 이런 사실을 알고 유학에 관련한 정보에 접근한다면, 가격이 싼 유학 '상품'만을 권하는 유학원은 피할 수 있다. 이것만으로도 학생들 혹은 학부모들이 입을 수도 있는 미래의 피해를 줄일 수 있다! 하버드도, 캠브리지도 장점만 있는 것이 아니다. 좋은 점만 나열하는 유학상담가 보다는 학교의 장단점을 말해주며, 본인에게 맞춤형으로 상담해주는 유학원을 선택해야 할 것이다.

유학원에는 '작가' 출신이 우대 받는다?

이게 무슨 말인고 하니, 시대가 변하면서 유학원이 전문직이라는 인식보다는 말 잘하는 사람, 글 잘 쓰는 사람을 유학 상담사로 대우한다는 의미다. 실제로 많은 유학원들이 작가 출신을 특별채용하고 있다. 물론 이들이 유학원을 홍보하는 데 있어 유리한 장점을 가진 것은 분명한 사실이다.

문제는, 이들이 자신의 전문분야가 아니라 본인이 몸담고 있는 유학원에 관련된 유학 이야기를 상당히 '그럴 듯하게' 커뮤니티 공간에다 글로 풀어 놓는다는 것이다. 실제로 요즘 학생들은 커뮤니티 공간에서의 체험담을 곧이곧대로 믿고 유학을 결정하는 일이 다반사다. 그렇지만 현실은 글과는 다르다. 이런 결정의 태반이 과장된 유학 체험 글에 속은 것이다.

  뭔가 이상하다고 알아차렸을 땐 늦었다. 이미 유학을 와버렸고, 유학에 실패한다면 의지 약한 사람으로, 노력하지 않은 사람으로, 능력 없는 사람으로 폄하될 뿐이다. 현재 모든 유학원들이 글 잘 쓰는 사람을 선호한다. 이들은 '특파원'이라는 이름으로 포장된다. 실제 유학원 직원으로 채용하여 글을 쓰지 않는다 하더라도, 글 잘 쓰는 사람은 유학을 공짜로 갈 수도 있다! 파워블로거 같은 경우는 실제로 돈을 받고 유학을 간다고 이야기할 정도다. 파워블로거의 체험담은 유학원들의 홍보수단으로 사용된다. 실제로 호주에서 유학 중이라는 한 파워블로거는 자신의 블로그에 유학원 홈페이지를 링크 걸어주는 조건만으로 1년에 1천만 원이라는 돈을 받았다고 한다. 한 사람의 인생이 걸린 문제일 수도 있는 유학이 더 싸게, 더 많이 남는 장사로 시장판에서 거래되고 있다.

03
지식in 질문, 검색?
돈 없는 유학생의 질문은
'안물안궁'!

인터넷의 발달은 실로 놀랍다. 상상하지도 못한 문제 해결책을 너무도 손쉽게 제시하기도 하니 말이다. 이미 많은 사람들이 그것이 어떤 내용인지 간에, 궁금증이 있으면 인터넷을 통해 해소할 수 있게 되었다. 다른 문제야 어떻든, 유학에 관한 질문인 경우 답변이 달리는 속도는 LTE 급이다! 그런데 재미있는 것은 정작 돈 없는 학생들의 질문이나 현실적으로 당장 유학을 가기에는 어려운 형편인 학생들의 질문에는 답변 속도가 느리다는 점이다. 한참 후에야 답변이 달리기 일쑤며, 그마저도 답변이 달린다면 다행이다. 자신의 유학원을 홍보하는 '영혼 없는' 무성의한 답변만 가득하다. 물론, 개중에는 어려운 형편에 유학을 다녀온 자신의 경험담을 들려주며

환경에 좌절하지 말고 용기를 내라는 진심 어린 답변을 달아주는 고마운 이들도 분명 존재한다. 그런 사람들의 선의를 싸잡아 매도하자는 건 결코 아니다.

현재 대부분의 유학원들은 '지식in'을 광고수단으로 이용하고 있다. 비단 유학 관련 사업만 국한된 이야기는 아니겠지만, 유학 관련 지식in 답변을 보고 있자면 헛웃음만 나온다. 믿기 힘들겠지만 현재 많은 유학원에서 매달 몇 십 만원을 지불하며 지식in 노출 마케팅을 감행하고 있다. 대행업체들까지 있다. 이들이 하는 일은 지식인 질문/답변 상위노출, 카페명 순위상승, 카페 글 상위노출(키워드), 카페활성화 및 카페신뢰작업(후기・핫 이슈 등), 카페초대, 쪽지마케팅 등이다.

이런 답변을 신뢰할 수 있나? 아니, 누가 이런 광고성 답변에 도움이 되었다고 고마워하겠나. 진짜 경험, 진짜 내공을 가진 사람의 답변이 아니다. 사정이 다급한 학생과 학부모의 갈증을 이용하여 자신의 유학원으로 한 명이라도 끌어들이려는 모집 광고일 뿐이다.

내 말을 믿을 수 없다면 지금 당장 가난한 유학생의 입장에서 질문을 올려라. LTE 급으로 빠르게 달리던 답변들이 모뎀속도 급으로, 그것도 '허접한' 답변만이 기다릴 뿐이다. 혹은 컨트롤 V로 복사된 답변이던가.

'영어권 유학전문' 유학원이 '필리핀 유학전문'으로 바뀐 이유

유학 판에서 필리핀이라는 시장은 이미 '파이'가 커질 때로 커져 버렸다. 필리핀의 학교를 무시했던 영어권 학교들이 필리핀 학교와 MOU를 맺는 경우도 생겨나고 있는 현실이 이를 방증한다고 할 수 있다. 영어권 유학을 취급하던 유학원들도 상대적으로 손쉽게 광고지원비를 챙길 수 있는 필리핀유학 상담을 진행하게 되었다. 제대로 된 정보를 가지고 필리핀유학 상담을 하면 문제될 것이 뭐 있겠나. 문제는 이들 대다수가 '앵무새'라는 거다. 필리핀의 어학교들이 만들어놓은 셀링 포인트를 가지고 광고지원비 많이 주는 학교들만 추천한다. 필리핀 학교 에이전시 메뉴얼 내용은 학생들에게 어필할 수 있는 셀링 포인트로 잘 정리되어 있다.

영어권 유학전문 유학원들 입장에서 상대적으로 손이 많이 가는 미국 유학, 영국 유학, 캐나다 유학에서 손을 떼고 필리핀 유학 전문으로 갈아타는 현실. 단순히 필리핀 어학연수가 대세가 되어서일까? 아니면 상대적으로 유학수속이 쉽고 광고지원비도 많이 나오기 때문에 필리핀 유학전문이라는 타이틀을 선택하게 된 것일까?

조류 인플루엔자가 유행한다 하여 전국에 닭, 오리 음식점이 다 망하지 않고, 돼지콜레라가 발생한다 하여 삼겹살집이 도산하지는 않는다. 사양기업은 있을지 몰라도 사양산업은 없다는 말이 있듯이 단순히 유행에 맞춰 간판을 바꿔가며 왜 자신의 전문분야를 버리는가? 지금 몇몇 유학원들이 자신의 전문분야를 너무 쉽게 버리고 돈벌이되는 유학 상담만을 하고 있다. 그러다보니 학생들이 제대로 된 맞춤형 상담을 받지 못해 피해가 늘어나고 있다.

유학원 홈페이지에는 소개되어 있지 않은 유학 상담에 대해 문의했을 때 잘 안다며 인터넷에 나와 있는 정보나 알려주는 유학원, 자신이 모르는 유학분야는 당당히 모른다며 다른 전문 유학원을 찾아가라고 이야기할 수 있는 유학원. 어떤 곳이 제대로 된 유학원일까? 판단은 독자에게 맡기겠다.

유학원이 인턴의 정의를 바꾸고 있다

한국에서는 인턴자리 하나 얻으려 해도 엄청난 스펙을 쌓아야 한다. 그렇지만 이상하리만치 외국인턴은 돈을 요구한다. 한국에서는 스펙 경쟁에 이긴 사람들이나 인턴 자리를 얻을 수 있는데 몇몇 유학원이 모집하는 외국인턴은 돈을 먼저 입금하는 순서로 인턴이 정해진다는 의미다. 거기에 더 웃긴 것은 고용주가 자신이 고용할 인력에 대한 검증을 하지 않는다는 점이다.

요즘 연수를 마친 후 해외인턴 직으로 취업이 가능하다는 유학원들의 과장광고를 보고 있자면 기도 안찬다. 이들은 대체로 비슷하게 이야기한다. 대략 3개월에서 4개월 정도 영어공부를 한 뒤 바로 인턴으로 취업이 가능하다고 말이다! 아니, 직무교육도 하지 않은 채 바로 인턴이 가능하다고? 이 유학원들은 한국에서 인턴자리 하나 얻기가 하늘에 별 따기인 현실하고는 달라도 너무 다른 현실이 외국에서는 당연하다고 주장한다.

  문제는, 조금만 생각해 보면 전혀 상식적이지 않다는 것을 알 텐데도 많은 학생들이 이런 광고에 홀딱 넘어가 유학원의 문을 두드린다는 점이다. 학생들은 '선착순 가능'이라는 문구에 현혹되어 너도나도 해외취업 혹은 해외인턴으로 갈 수 있다는 희망에 부풀어 돈을 지불한다. 나는 그런 광고를 일말의 거리낌 없이 하는 이들에게 묻고 싶다. 그거, 혹시 인턴이 아니라 아르바이트 아니냐고! 아니, 전 세계적인 불황 속에서 내 나라, 우리 국민들 일자리 확충도 실마리가 보이지 않는데 대체 어떤 정부가 대한민국이라는 알 듯 말 듯한 나라에서 온 동양청년에게 선뜻 일자리를 내어 주나? 거기다 이 청년은 직무능력은 고사하고 영어실력도 검증받지 못했다. 이런 인력에게 자국 청년에게 줄 자리도 모자란 소중한 일자리를 과연 내줄까? 솔직히 '까놓고' 이야기해 보자. 그 인턴 자리, 그 나라 젊은이들은 하지 않으려는 일, 3D업종 아닌가? 최근 베트남 인력의 한국시장 진출이 다시 허용되면서, 약 1만 명의 베트남인들이 한국취업을 희망한다며 한국산업인력공단에다가 구직자 명단을 제출했다는 뉴스가 나온다. 그들이 구직을 희망하는 그 일이 과연 우리나라 젊은이들이 하고 싶어 하는 일인가?

몇몇 유학원들이 '인턴'의 정의를 바꾸고 있다. 학생들도 이러한 인턴의 정의를 해외로 나갈 때 잘못 인지하고 있는 경우가 많다. 어쩌면 대한민국에서 취업이 안 되기 때문에 그 현실을 외면하고 싶은 건지도 모르겠지만.

어학원 리노베이션 공사비까지 포함되는 비싸진 필리핀 유학 비용의 불편한 진실

사람들에게 어느 순간부터 필리핀 어학연수 비용이 저렴하다는 인식이 사라지고 있는 듯하다. 실제로 필리핀 어학연수 초창기 시절의 가격에 비해 약 1.5배 정도 어학연수 비용이 인상되었다. 물가상승률에 따른 어학연수 비용 인상이라면 할 말이 없겠지만, 어학연수 비용이 올라간 데에는 유학원의 힘(?)이 크게 작용했다는 점이 씁쓸하다.

초창기 필리핀 어학연수시장은 크지 않았고, 실제로 유학원들의 광고지원비는 미미하다고 할 정도였다. 그런데 어느 순간 1 대 1 수업에 대한 피드백이 좋다는 입소문이 돌기 시작하자 대형유학원들이 필리핀 어학연수 시장에 뛰어들게 되었던 것이다. 그리고 '갑

(유학원)'·'을(어학원)' 관계로 인해 광고지원비는 대폭 인상되었다. 갑작스런 학비인상에 대한 명분이 서지 않으니, 시설 확충과 리노베이션 공사를 시작하며 필리핀어학원들이 소규모에서 대규모로 돌아선다. 그리고 학비인상을 공지한다. 실제로 필리핀어학원의 대부분이 헬스장은 기본이요, 3D상영관이 있는 곳까지 생겨나고 있다.

학생들 입장에서야 편의시설이 많으면 많을수록 좋다고 생각할 수 있다. 그렇지만 그러한 시설 확충에 따른 비용을 결국 학생들의 호주머니에서 뽑아 충당하는 것이 현실이니, 과연 '좋은 시설'이 반갑기만 한 일일까.

07

수속료를 받지 않는 것이 오히려 유학의 질을 떨어뜨리는 박리다매 식 유학의 시대를 불러왔다!

1980년대에서 2000년 초반까지만 해도 유학을 가는 데 '유학수속료'라는 것이 존재했다. 물론 현재도 상대적으로 비자 받기 어려운 나라로의 유학 같은 경우는 유학수속료가 여전히 존재하지만, 이제는 거의 없어졌다고 해도 무방하다. 유학수속료가 없어진 이유는 강남권에도 수백 개의 유학원들이 생겨나면서 '제 살 깎기' 식 운영을 하고 있기 때문이다. 얼핏 생각하면 경쟁업체가 많을수록 소비자 입장에서는 저렴하고 질 좋은 서비스로 유학을 갈 수 있어 좋을 것 같지만, 반드시 좋다고만은 말할 수 없으니 문제다.

실제로 유학수속료가 있는 경우, 유학수속 중 문제가 발생할 때 법적인 절차를 밟을 수 있다. 그렇지만 수속료 없이 진행된 유학수속은 유학원에 법적인 책임이 없다! 도의적으로 비판받을 수는 있겠지만, 인생을 좌우할 수도 있을 개인의 소중한 유학인생을 망쳐버린다 해도 그 어떤 책임을 물을 수 없는 것이다. 단순히 '저렴하게' 학교를 '연결시켜' 준 것이 유학원의 임무였기 때문이다.

유학원은 어느 순간부터 학생의 인생이 걸린 유학에 대한 책임감은 내버린 채 박리다매 식 가격경쟁에 뛰어들었다. 그 결과 마치 공장에서 생산한 제품을 납품하듯이, 획일화된 유학수속만이 남았을 뿐이다. 학생들 역시 각자 특성 및 목표에 따른 상담을 통한 유학보다는 돈에 맞추어, 유학원이 권하는 대로, 획일화된 유학을 가고 있다. 현재는 독짓는 늙은이 같은 장인 정신을 가진 유학원들이 사라지고, 비즈니스맨들이 버글대는 박리다매 식 유학원들만이 살아남은 시대다.

'명품' 조기유학시장이 형성된 것은 과연 누구의 책임인가?

조기유학, 다시 말해 관리형 유학은 소위 말해 유학원에서 가장 돈이 많이 되는 시장이다. 초등학교에서부터 미국 대학 진학까지, 유학원이 한 아이에게 '뽑아낼 수 있는' 돈이 최소 1천만 원 이상이다. 문제는, 몇몇 기업화되어 있는 대형유학원들의 욕심은 여기가 끝이 아니라는 점이다. '프리미엄'이라는 이름으로 몇 배의 돈을 요구하는 데 문제가 있다. 실제로, 일부 극성스런 엄마들의 교육열로 인해 내 아이는 다른 아이보다 더 대접받아야 된다는 심리를 이용한 프리미엄 유학 상품들이 쏟아지고 있는 실정이다.

사정이 그러다보니, 학부모 부담은 평소 가격보다 최소 2배에서 3배 정도 금액이 플러스된다고 보면 된다. 부모 입장에서야 가격이 비싼 편이 싼 것보다야 내 자식에게 뭐라도 더 많은 혜택을 줄 것 같지만, 실상은 절대 그렇지 않다.

얼마 전 값 싸고 질 좋은 국산 유모차보다도 떨어지는 품질의 명품유모차가 몇 배 혹은 몇 십 배 비싼 금액임에도 불구하고 매진 행렬을 이룬다는 보도를 보았다. 마찬가지로, 프리미엄 유학이라는 '느낌'만 주면 학부모들은 몇 배에 달하는 돈을 지불한다. 태어난 지 얼마 안 되는 아기일 때도 고르고 고른 값비싼 유모차를 사는데 지갑 열기를 서슴지 않았던 부모인데, 아이의 미래를 좌우할지도 모를 유학에서야 말해 무엇 하랴. 문제는 이런 심리를 너무도 잘, 그리고 교묘히 이용하는 유학원들의 배를 불릴 뿐이라는 사실을 부모들이 모른다는 것이다. 유학원 바닥에서 명품 유학시장이 점점 늘어나고 있는 현실. 과연 유학원에만 책임이 있다고 말할 수 있을까?

한국인 비율이 낮은 곳이 좋은 학교다? 과연?

서울에서 영어공부를 하려고 할 때 사람들은 일반적으로 강남과 종로에 있는 영어학원을 다닌다. 서울 근교에 사는 사람이라면 한 시간 넘게 걸리는 통학거리도 감수하고 강남으로, 종로로, 학원을 다니는 것이다. 강사진의 우수성 때문이다. 그런데 참 이상하다. 서울에 있을 때도 따질 거 따지고 불편을 감수하며 학원을 고르는데, 어학연수를 가는 학생들의 대부분은 강사진의 우수성을 따지기보다 한국인이 있는지 없는지를 중요요소로 따진다. 한국인이 없는 지역을 선호하며, 그것을 마치 훈장처럼 생각한다.

실제로 유학원들이 가장 손쉽게 모객할 수 있는 학교는 한국인이 없는 학교다. 생각해보면 한국은 전 세계 중국인 다음으로 영어를 위해 외국으로 어학연수를 가는 비율이 높은 나라다. 다시 말해, 외국의 좋은 어학원에 한국학생들이 없을 수가 없다는 뜻이다. 사정이 이러한데도 한국인이 많으면 영어사용빈도가 확 줄어들 것이라 생각하는 한국 학생들은 무조건 한국인이 없는 곳으로 보내달라고 말한다. 몇몇 유학원들은 그런 학생들의 요구에 한국인 비율이 낮다는 것을 강조하며, 학교에 대한 설명보다 한국인의 비율이 낮다는 것에만 초점을 맞춰 학교소개를 한다. 몇몇 유학원은 실제로 학생들 평이 좋지 않아 모객이 되지 않는 학교를 한국인 비율이 낮기 때문에 공부하기 좋다는 식의 홍보를 하는 유학원도 몇 곳 생겨나서, 학생들이 피해를 보는 경우가 많아지고 있다.

  그런 유학원들은 학생들의 심리를 이용해 돈을 번다. 실제로 정통 유학연수 지역으로 꼽히는 미국, 캐나다, 영국 같은 곳을 제외하고 대체유학연수 지역은 한국인 비율이 낮다는 것이 중요한 셀링포인트라는 것은 유학업계에서 잘 알려진 사실이다. 한국학생들이 한국인 비율로 좋은 학교, 나쁜 학교를 나누는 심리를 이용한 촌극이 아닐 수 없다. 좋은 어학원은, 어떤 국가든 간에 강사진의 우수성과 커리큘럼이 좌우한다는 사실을 기억하자. 제발.

잘못된 조건부 입학은 유학이 아니라, 인생을 망칠 수 있다?

매년 11월이 되면 대한민국의 자살률이 높아진다고들 한다. 다들 짐작하다시피 인생을 결정짓는 날, '수능' 때문이다. 생각해보면 전 세계 어떤 나라가 듣기평가에 방해된다며 항공기 이착륙을 금지시키며, 공무원 출근시간을 한 시간 늦추나? 뭐 어찌되었든 그 정도로 대한민국 국민의 인생에 있어 가장 중요한 날(?)일 수 있다는 의미겠다. 현실이 이러한데 수능을 망친 학생들의 부모는 오죽 애간장이 탈까. 그들 중 어떤 이들은 '도피성'이라는 돌멩이를 맞아도 좋으니, 어떻게든 우리 아이 외국대학만 입학하게 해달라며 유학원으로 찾아온다.

외국대학 입학은 실제로 아이비리그 수준의 명문대를 제외하고는, 우리나라 명문대학 입학하는 것보다 쉽다. 보통 한국대학 입학을 좌지우지하는 것은 수능시험이다. 더군다나 내가 아무리 좋은 점수를 받아도 상대평가로 1등급부터 9등급까지 나뉜다. 그 점수로 좋은 대학을 들어가느냐 못 들어가느냐로 나뉜다. 실제 한 번의 수능시험으로 학생의 미래가 정해지는 것이 우리나라 교육의 가장 큰 문제라고 입 모아 말하지 않던가!

  이와 다르게, 외국대학 입학은 그보다는 순조롭다. 보통 아이비리그 수준의 대학이나 개인의 다양한 능력을 중요시 여기는 대학들을 제외하고는, 학교에서 요구하는 기본적인 영어성적을 가지고 있는 경우라면 입학이 가능하기 때문이다. 또한 커뮤니티 칼리지 Community College를 이용할 시 같은 주州의 우수 주립대학에 편입하기가 매우 수월하다. 그렇지만 애석하게도 그렇게 조건부 입학으로 대학에 들어간 학생들의 대부분이 중도포기, 혹은 적응을 하지 못해 일탈에 빠지는 모습을 너무나 많이 보았다. 조건부 입학으로 유학을 가는 학생들 가운데 개인의 성향이나 학업능력과 상관없이 '학교'의 간판만을 보고 가는 경우가 대부분이기 때문에 중도포기 혹은 실패 확률이 높은 것이다. 외국대학에 입학하는 것에만 초점을 맞춘 학생들과 학부모의 잘못이 일차적 책임이지만, 교육적 사명감을 가진 유학원들은 절대로 학생들을 그냥 보내지 않는다. 학생 본인이 스스로의 성향이나 학업능력을 제대로 파악한 후, 맞춤형 상담 서비스를 받고 자신의 능력을 배가 시킬 수 있는 유학과정을 제시하는 유학원을 찾아야 한다.

보통 대도시에 위치하며, 한국학생들이 많은 2년제 커뮤니티 칼리지와 4년제 대학들의 경우 실패하는 비율이 상당히 높다. 그렇지 않은 경우, 대부분의 학생들은 성적관리하기 용이하여 보다 좋은 4년제 대학교로 편입하는 비율이 상당히 높다. 그렇기 때문에 전문가의 상담에 귀 기울여 학교를 엄선하여 유학을 가야 하는 것이다. 대다수 유학원들이 동일하게 추천하는 학교들이 물론 좋은 학교일 수 있지만, 이와 반대로 영리를 목적으로 추천하는 학교일 수 있다는 사실에 유의해야 한다. 유학원은 학생의 장래를 위한 컨설팅을 하는 곳이다. 그런데 어느 순간부터 획일화된 상담만 하는 유학원이 광고의 힘으로 좋은 유학원으로 탈바꿈되고 있다. 실제 좋은 유학원과 나쁜 유학원을 나누는 기준은 한두 가지 대안을 제시하는 유학원과 여러 가지 대안을 제시하여 학생에게 최선을 선택하게끔 하는 유학원으로 구별되어야 된다.

기억하라. 유학원은 단순히 학생과 학교, 학생과 어학원만 연결시켜주는 곳이 아니다. 그것은 유학원의 기본 역할이다. 유학을 준비하는 학생들이 성공적으로 유학을 마칠 수 있을 때까지 이들을 돕는 것도 유학원의 몫이다. 이런 역할을 하지 않는 유학원들의 문제는 말할 것도 없지만 왜 우리 학부모들은, 당사자인 학생들은,

이런 요구를 하지 않는가. 몰라서인가? 그렇다면 이번 기회를 통해 확실히 인지하고 넘어가길 바란다.

'어디라도 좋은데, 그게 외국대학이라면 더 좋다.'는 식의 사고방식은 큰 사고를 동반할 소지가 높다. 조건부 입학으로 외국대학에 입학할 수 있는 방법이 어떤 이에게는 단순히 유학실패로 끝나는 것이 아니라, 인생을 망칠 수 있는 시간이라는 것을 알아야 한다. 지금 이 순간도 획일화된 상담으로, 맞지 않는 옷을 입은 채 유학길을 나서는 학생들이 있다. 명망 높은 유학원들은 '케이스 바이 케이스' 상담을 통해 최선의 유학방향을 제시한다. 유학원 선정 시 최소한 세 군데 이상 둘러보고 선정하라는 이유는 단순히 유학 문제가 아닌 인생이 달린 문제이기 때문이다.

11
유학원은 '대기만성' 아이가 봉이다

어렸을 때부터 빼어난 아이가 있는가 하면, 나이가 들어서야 두각을 나타내는 아이도 있다. 한국사회에서 '엄친아' 자격은 오로지 어렸을 때부터 두각을 나타내는 아이만이 차지하는 타이틀이라는 것이 슬플 뿐. 세상이 그렇게 돌아가다 보니, 그런 아이를 제외한 대다수의 아이들은 점점 스스로 열등하다는 생각에 갇히게 된다. 내 아이가 그다지 우수하지 못하다고 생각되거나, 문제아라는 소리를 듣는다면 우리 부모님들은 외국유학에 눈을 돌린다.

그런데 이런 아이를 기다리고 있는 것은 부모를 '봉'으로 생각하는 유학원들이다. "이 아이는 이 성적으로는 어디에서도 환영 못 받는다"는 으름장을 놓으며 다른 아이들보다 더 많은 유학수속료를 요구한다. 부모의 입장에서는 내 자식이 부족해서 어렵다는 데, 뭔들 못해주겠나? 결국 내 아이 잘되기 바라며 피 땀 흘려 번 돈을 조공 바치듯 유학원에 떠안긴다.

대체로, 아니 거의 외국은 우리나라와는 다르게 학생들을 시험점수를 기준으로 정육점 고기 등급나누듯 나누는 그런 사회가 아니다. 물론 대입과정에서 아이비리그 입학을 목표로 한다면야 학교성적이 문제가 되겠지만, 조기유학을 준비하는 애들의 연령을 초등학생과 중학생 정도로 본다면 학교성적은 그다지 중요하지 않다. 그렇지만 유학원들에게 있어 아이들의 성적표는 학부모를 봉으로 볼 수 있는 중요한 근거(?)가 된다! 성적이 나쁘다고 해서 자신의 아이를 '마이너리거'라고 생각하지 말라. 대기만성형인 사람들도 분명히 존재한다는 것을 인정하고, 아이를 성적으로 나누는 한국사회에 일희일비하지 말고, 유학원의 협박에 당당하라.

12
영웅으로 만들고, 영웅을 이용해 영업하는 유학원들

부친을 여의고 가난 속에서 막노동에 가스배달까지 하며 우리나라 최고의 대학인 서울대 법대를 수석으로 합격한 장승수. 그가 쓴 『공부가 제일 쉬웠어요』라는 책이 나왔을 때 대한민국은 '장승수 열풍'에 휩싸였다.

뭐, 물론 이런 열풍이 장승수만의 전유물은 아니었다. 골프의 박세리, 메이저리거 박찬호, 프리미어리거 박지성 등 우리 사회는 이런 열풍에 한 번 사로잡히면 그와 관련된 상품의 매출이 폭등하지 않던가. 비단 한국만의 특수한 현상은 아니지만 말이다. 내가 하고 싶은 말은, 이와 같은 소비풍조가 유학원에서도 똑같이 재현되고 있다는 점이다. 유학원에서는 몇몇 유학생들을 '영웅'으로 만든다.

유학원들은 평균적으로 연수 기간 동안 받을 수 있는 영어점수보다 상회하는 영어점수를 획득한 친구들에게 특혜를 제공한다. 보통 1년 어학연수를 해야 영어점수 획득이 가능하다는 고급 영어 과정(TOFEL, IELTS, CAMBRIGE 시험)을 단 시간에 극복했다는 학생의 스토리를 자신의 유학원이 운영하는 홈페이지나 커뮤니티 공간에 노출시키며 이들을 영웅으로 만든다. 그리고 방문하는 모든 이들에게 당신도 이렇게 할 수 있다는 희망을 심어준다. 아니 주입시킨다. 마치 한 달 만에 20킬로그램 감량했다는 다이어트 광고와 같이 유학원도 현실적으로 불가능하다고 생각하는 도전에 성공한 사람들을 영웅으로 만들어 영업한다.

영웅은 유학원의 가장 큰 무기이며, 고객들의 불평(?)을 막을 수 있는 근거자료다.

"당신이 못한 것 아닌가요? 그때 우리가 보여줬던 그 친구는 성공해서 돌아왔잖아요. 당신의 노력이 부족한 것 아닌가요. 왜 그것을 우리에게 따지나요?"

유학원의 사탕발림 식 영업방식에 놀아났다고 억울해할 때는 이미 늦었다. 이미 스스로가 정말 열심히, 성실히 노력하면 될 수 있다는 유학원이 세운 영웅을 보고 유학수속을 진행했기 때문이다. 감언이설에 속지 말자. 보기 좋은 떡은 보기만 좋을 뿐이다. 유학을 가려는 주체인 학생의 의지와 목표설정이 중요한 것이지, 시험

점수나 학교의 이름으로 유학의 성공여부를 가르려 들지 말자. 그런 생각이 판단의 시야를 흐리기 때문이다. 유학원이 만든 영웅이 아니라, 스스로 설정한 영웅, 가고 싶은 길을 걷는 당신의 영웅을 찾아 목표로 설정해야 한다. 그게 맞다.

휴양지 근처 어학원은 복불복이다

보라카이, 괌, 몰타 등 과거에는 휴양지로만 알려졌던 곳에 어학원들이 생겨나고 있다. 학생들 생각으로는 휴양도 즐기고, 영어공부도 할 수 있고, 한국인들이 즐비한 도심과 달리 유럽친구들을 쉽게 사귈 수 있다는 점 때문인지 휴양지 근처 학교를 선호하는 경향이 강해지고 있다.

과연 그곳의 어학원들은 영어학교로 커리큘럼을 인정받았는가? 대부분 아니다! 또한 대부분 그 학교로 처음에 '보내지는' 학생은 '희생양'이라고 보면 된다. 유학원들은 학생에게 소개하면서 실은 그 학교에 가본 적도 없을뿐더러, 학교 관계자의 말만 믿고 모객을 진행한다. 어떻게 이런 일이 있을 수 있나! 물론, 전 세계 모든 학교를 다 방문할 수는 없다. 그것도 엄연한 현실이다. 그렇지만 수십 개의 비슷비슷한 어학원이 밀집한 틈에 있는 어학원은 자신만의 독특한 특성인 '커리큘럼'을 강조할 수밖에 없다. 그걸로 고만고만한 다른 어학원과 변별점을 가지는 것이니 말이다. 실제로 영어학교 관계자는 커리큘럼에 대한 셀링포인트를 내세우며, 유학원들에 모객을 부탁한다. 그런 반면에 휴양지의 어학원들은 '지역'에 대한 장점을 강조하며 모객을 부탁한다. 한 마디로 말하면, 아름다운 휴양지 안에 어학원이 생기면 그 어학원의 장점은 아름다운 휴양지인 거다. 그게 다다.

영어학교, 혹은 어학원을 선택할 때는 철저히 커리큘럼의 우수성을 검토하고 결정해야 한다. 지역의 장점을 최우선으로 내세우는 어학원은 유학원들 입장에서는 사실 도박과도 같다. 처음 소개하는 학생 한 명은 시범 케이스다. 그 학생이 휴양지 어학원을 좋아하는지 싫어하는지, 적응을 잘 했는지 못했는지, 시험점수가 잘 나왔는지 아닌지에 따라 한국인이 몰리는 어학원이 될 수도, 혹은 그 학생이 한국인으로는 처음이자 마지막이 될 수도 있다는 말이다. 모든 것이 그 첫 번째 학생으로부터 결정된다. 휴양지 근처 어학원은 복불복, 로또다. 그런 생각으로 검증된 어학원을 신중히 선택해야 한다.

최신 트렌드,
'유학프로그램'에서 확인하라?

〈커피 프린스〉라는 드라마가 전국을 강타했을 때 유학원들은 발빠르게 '바리스타 유학프로그램'을 만들었다! 영어도 배우고 커피도 공부할 수 있다는 생각이 먹혔는지 신청자가 쇄도했다. 그에 따른 추가 학비를 부담하면서. 그리고 그 유학프로그램은 1년이 채 안 되어 사라지거나, 강좌를 신청하는 학생이 없어 폐강되는 일이 반복되었다.

이제는 단순히 영어공부만 하던 유학시대가 저물었다고 이야기하지만, 그 속내를 들여다보면 의문이 든다. 다시 말해, 21세기는 영어공부와 함께 여러 가지 실생활에 필요한 기술도 배울 수 있다는 유학원의 말은 현혹되기 쉬운 마케팅일 뿐인 경우가 많다는 의미다. 단순 모객행위의 일환으로 유학프로그램에 유행 코드가 접목될 뿐, 실제 학생들에게 유용한 교육으로 깊이 있는 커리큘럼이 받쳐주는 것이 아니기 때문이다.

이를 테면 이렇다. 유학원들은 통상적으로 일반영어 중상급 이상 수준은 되어야 바리스타 과정을 밟을 수 있다고 학생들에게 말한다. 그리고 유학생들에게 바리스타 과정 정도는 '기본'이고 '필수'로 들어야 한다고 상담한다. 스펙 쌓기에 길들여진 대한민국 학생들은 남들 다 하기 때문에 토익시험 보고, 컴퓨터 활용시험 보듯이 바리스타 과정도 그렇게 수료한다. 실제 대부분이 일주일 코스인 바리스타 과정은 현지인들에게는 유학생들이 내는 수강료의 반값도 안 되는 금액으로 수료가 가능한 프로그램이다. 자격증이라기 보다는 수료증에 불과한 것이다.

단순히 유행 코드를 집어넣어 유학상품을 파는 유학원의 잘못이라고만 말할 수 있을까? 아니면 스펙 강박증에 사로 잡혀 자신의 미래와는 상관없는 것도 일단 배워두면 좋다는 생각을 하는 학생들의 잘못일까?

15
'영주권학과'가 도대체 무엇인가?

영주권학과라는 말을 들어봤는가? 당연히 이런 것은 존재하지 않는다. 그렇지만 현재도 유학원 홈페이지 안에서는 자주 등장하는 단어다. 해석을 하자면, 영주권 따기에 유리한 학과를 말한다. 해당국가 내 부족한 직업기술군을 이민을 받아 인력충원하려는 국가들이 있다. 약 2년간 전문학교에서 기술을 배우고 졸업 후 영주권을 받을 수 있는 학과가 바로 그래서 존재한다. 이를 두고 '영주권학과'라 부르는 것이다. 실제 많은 유학생들이 빵을 굽고 가위를 잡았을 때가 있었다. 그 당시 부족직업군으로 쿠커리과정과 미용과정이 있었는데 많은 유학생들이 영주권을 받기 위해 본인의 적성은 생각지 않은 채 이들 학과를 선택했다.

그렇지만 안타깝게도 이민법이 바뀌었고, 영주권학과를 졸업해도 영주권 취득은 어려워졌다. 결국 자신의 적성과는 상관없는 학과를 선택했던 학생들은 꿈을 상실한 채 이러지도 저러지도 못한 상황에 처하게 되었다. 이러한 상황은 누구의 잘못인가? 일차적으로는 영주권학과라는 이야기에 혹해서 자신의 전공과 상관없는 학과를 선택한 학생들 잘못이라고 할 것이다. 하지만 영주권 취득이 100퍼센트 가능하다며 사탕발림으로 모객행위를 했던 유학원이 책임에서 자유로울 수 있을까?

유학원들은 어느 순간부터 자신의 본분을 망각한 채 영업을 확장하고 있다. 이민 법무사들조차 100퍼센트 영주권 취득이 가능하다는 이야기를 하지 않는다. 그 정도로 '케이스 바이 케이스'인 것이 영주권 취득이다. 그런 영역에 감히 유학원이 뛰어들고 있다. 인생에 가장 큰 선택일 수 있는 이민으로 유학원들의 장삿속이 확장되고 있다는 말이다. 영주권학과 같은 건 없다. 유학원들이 만들어낸 허울 좋은 말일 뿐이다.

16

남 헐뜯으며
홍보하는 유학원들

"미국은 총기소유가 가능하기 때문에 너무 위험합니다. 얼마 전 보스턴 테러 사건처럼 미국본토에도 테러가 가해지고 있습니다. 어떻게 안심하고 보낼 수 있겠어요?"

"영국은 가격도 비싸고, 실제 한국인들은 미국식 영어에 길들여져 있어서 영국식 영어는 좋지 않습니다. 가격대비 좋지 않기에 OOO을 추천합니다."

"호주는 미국식 영어도 아니고 영국식 영어도 아닙니다. 특히나 〈그것이 알고 싶다〉 〈추적 60분〉이 호주 워킹홀리데이로 간 학생들의 피해를 보도하는 것처럼 사건사고가 끊이지 않아요. 백호주의도 심하고요. 그런 곳에 가는 것이 좋겠어요?"

"캐나다는 매우 춥죠. 그리고 미국이 옆에 있는데 무엇 때문에 캐나다유학을 가나요. 꿩 대신 닭 개념으로 유학 가는 거 아닙니다. 캐나다는 그냥 관광 가는 나라입니다."

"필리핀은 위험합니다. 총기사고로 매년 한국인들이 죽어가고 있어요. 더군다나 필리핀 영어는 영어가 아니에요. 저렴하다고 수준 낮은 곳에서 공부하는 것 아닙니다."

현재 유학원들은 남 흠집 내기에 혈안이 되어 있다. 본인들이 전문으로 하는 유학·어학 연수지에 대한 장점을 이야기하기보다는, 자신이 보내지 못하는 나라의 단점을 이야기하며 홍보를 하고 있다는 뜻이다. 물론, 그것도 마케팅이고 홍보라고 한다면 마냥 비난을 할 수도 없다. 그렇지만 그런 홍보방식은 다음과 같은 이야기와 비슷한 논리가 아닐까?

"한국은 현재 분단국가에요. 언제 전쟁이 일어날지 모르는 곳이잖아요. 그런 곳에 왜 가요? 잘못하다 전쟁이라도 나면 다 죽는 겁니다."

유학원 내 최저가는 '팔리지 않는 상품'이라고 보면 된다

'대형 수박 단 돈 5천 원!' 대형 할인매장에서도 1만 원 이상 지불해야 살 수 있는 대형 수박이 길거리에서 5천 원에 판매된다는 말에 사람들이 수박 트럭으로 몰린다. 그렇지만 5천 원짜리 대형 수박은 사실 커다란 멜론 정도 크기에 불과하다. 제대로 된 대형 수박은 1만 원 이상 줘야 구매가 가능한 것이다.

이와 같은 판매 전략은 유학원에서도 자주 볼 수 있다. '초특가 어학연수' '초특가 유학상품'이라고 광고하지만, 실제 세금 및 유류할증료를 추가하지 않는 항공료처럼 낚시성 판매 전략이다. 무조건 저렴하다는 식으로 접근하는 유학원 상품은 한 번쯤 의심의 눈초리로 하나하나 따져봐야 한다. 세금 및 유류할증료처럼 꼭 지불해야 되는 금액을 제외하고 가격을 책정하는지, 다른 유학원에서는 요구하지 않는 서비스 요금을 현지에서 지불하라고 하는지 등의 내용 말이다. 보통 요즘 유학원에서 많이 하는 장난(?)이 현지 케어서비스(핸드폰 개통서비스, 은행계좌 개설 서비스)를 지원해준다며 받는 금액이다. 다른 유학원에서는 서비스 차원으로 진행되는 것이 금액으로 책정되어 청구되는 것이다. 다른 유학원보다 저렴하다 생각하지만 실상은 비교대상이 되는 금액만 저렴하게 책정하고, 다른 곳에서 금액을 청구하는 식이다.

치약이나 양말을 산대도 이것저것 따져보고 비교하게 마련인데, 몇 백만 원에서 많게는 몇 천만 원까지 지불해야 하는 '유학 상품'에는 왜 그리 관대한가? 유학가기 전 최소한 세 군데 이상의 유학원을 찾아 상담 받고 비교·선택해야 된다.

유학원은 서비스직인가, 전문직인가?

유학원은 전문직으로 분류가 될까? 아니면 서비스직? 유학업은 전문분야로 분류가 되어야 되는 직업이다. 그렇지만 현재는 서비스직으로 분류되어 있다. 물론 학생들에게 좋은 서비스 마인드를 가지고 대하는 것은 당연하며, 서비스직으로 분류된다고 해서 이를 두고 잘못되었다고 말하는 것도 아니다.

  문제는, 유학업은 절대로 내공 없이 함부로 상담을 해서는 안 되는 직업이라는 것을 말하고 싶은 것이다. 한 사람의 인생이 걸릴 수 있는 유학이라는 도전에 아무런 지식 없이 '말빨' 좋은 사람이나, 글 솜씨 좋은 사람이 유학상담을 한다면 그 사람의 인생이 망가질 수 있기 때문이다. 그런데 현재 대부분의 유학원들이 유학에 관한 전문지식이나 경험 없이 오로지 마케팅 재주만을 앞세우고 있다.

현재 유학업에 종사하는 사람들은 유달리 경력을 인정받지 못한다. 서당 개도 3년이면 풍월을 읊는다는 속담은 유학업에서는 통하지 않는다. 오랜 경력으로 유학지식이 축적된 사람은 유학시장에서 퇴출되고, 오로지 마케팅 잘 하는 비즈니스맨들이 유학시장을 장악하고 있는 것이 한국 유학업의 현실이다. 그러니 유학업이 전문직이라기보다는 단순 서비스를 제공하는 쪽으로 이미지를 굳히고 있는 것은 아닐까?

유학업에 종사하는 사람들도 전문가여야 한다. 유학을 준비하는 학생과 부모를 상담하는 일은 매대에 진열된 물건을 파는 일과는 달라야 하지 않겠나. 전문가적 마인드를 가지고 해당 분야의 전문지식으로 무장한 상담사가 있다면, 당연히 그 유학원이 신뢰를 얻지 않겠나. 상담하러 오는 학생이나 부모를 '돈'으로만 계산하지 않고, 고급서비스를 제공하는 전문 인력이 유학업에서 '대세'가 되기를 바란다.

비자용 학교는
또 무엇이란 말인가?

비자용 학교라는 말을 들어봤나? 비자용 학교란 거주기간을 보장하면서, 수업시간은 짧은 학교를 말한다. 되도록 주 하루내지 이틀 이내로 학교를 간다. 실제 호주에 많이 있으며, 사회문제로 거론되고 있는 학교가 바로 이곳이다.

호주 내에서 이런 식의 비자 연장을 하는 학교들이 점차 늘어나고 있다. 최저가를 장담하며 오랜 거주기간을 보장하는 학교가 베스트셀러 유학상품이 된 지 오래다. 탄탄한 커리큘럼과 좋은 강사진을 내세우는 과거와는 달리, 현재 영어 학교는 본연의 의무와는 별개로 학생들의 거주기간까지 신경 써야 되는 현실이 되어버렸다.

영어 학교가 비자용 학교로 탈바꿈하는 데에 가장 중요한 역할을 한 것은 유학원이다. 그렇지만 영어학교의 본래의 역할을 무시한 채 오로지 거주기간을 보장하는 학교를 찾는 사람들이 많기 때문에 이런 비자용 학교들이 생겨난 것이다. 대부분 그들은 영어공부를 할 목적이라기보다는, 거주기간 동안 돈을 벌 생각만 한다고 보면 된다. 그리고 대부분 학생 비자법 상 묶인되는 주 20시간 이내 일을 하지 않고, 풀타임으로 뛰며 불법적인 일까지 한다. 비자용 학교가 많아지는 현재 유학시장의 흐름 속에서 한국인의 불법적인 노동형태가 고발되는 현실이 비춰지는 것을 우연의 일치라고만 말할 수 있을까?

20
누가 유학원의 한국유학협회 탈퇴를 종용하나?

한국유학협회를 들어본 적이 있는가? 유학을 준비하는 학생들에게는 생소한 단체로 들리겠지만 한국유학협회는 한국에서 유학을 준비하는 학생, 학부모, 그리고 관련한 모든 분들에게 필요한 국제교육 컨설팅 서비스를 제공하는 유학전문회사들로 구성되어 있는 한국유학산업 전반을 대변하는 국내 유일의 협회다. 안타깝게도 현재는 박리다매 판으로 바뀌어버린 유학시장 속에서 힘을 잃어가는 상황이다. 우리나라 유학원들을 대표한다는 한국유학협회가 이렇게 힘을 잃게 된 이유는 무엇일까? 유학시장의 흐름 탓이다.

현재 전국적으로 유학원의 수는 기하급수적으로 늘었다. 그 이유는 유학원 창업에 필요한 것이라고는 작은 사무실 임대료와 마케팅비용만 있으면 되기 때문이다. 유학에 대한 전문지식 없이 박리다매 가격할인을 무기로 개인이 유학시장에 뛰어드는 판이니, 책임감을 요구하는 협회의 간섭이 얼마나 귀찮게 느껴질까?

소비자 입장에서는 저렴하게 유학을 갈 수 있다는 점에서 좋다고 말할 수 있겠지만, 실제 한국유학협회에서는 유학원들의 의무를 '표준계약서'로 제시하고 있다. 그런데 박리다매 유학원들이 많아짐에 따라 표준계약서를 제시하는 유학원들이 사라지고 있다! 결론적으로 한국유학협회의 힘은 점점 무력화되고, 의무조항 역시 점차 사라지고 있다. 이보다 더 큰 문제는 장인정신으로 일하는 유학원들이 유학지식 없이 가격할인만을 앞세우는 유학원들로 인해 설 자리를 잃어버리고, 그들과 똑같이 박리다매 상품 판매 형태의 유학원으로 변질되고 있다는 현실이다……. 그러다보니 한국유학협회에 가입한 기존의 유학원들도 대규모 이탈하는 현상까지 벌어지고 있다.

실제 몇 백 만원에서 몇 천 만원까지 유학자금으로 소모되는 유학 절차에서 표준계약서 없이 진행된다는 것에 의문이 생기지 않나? 보다 저렴하게 유학을 다녀올 수 있다면 더할 나위 없겠지만, 싸게 다녀올 수 있다고 해서 '남는 장사'는 아니다. 그렇지 않은가? 학생과 부모와 같은 소비자 입장에서는 이왕이면 조금 더 저렴한 가격으로 질 높은 교육을 담보할 수 있는 곳에서의 유학이 절실한 것이지, 무조건 싸게 갔다 왔다는 것이 궁극적인 유학의 목표는 아니지 않은가 말이다. 전문적이고 책임감까지 겸비한 유학원의 선택이 그렇기에 더 중요하다. 공정거래위원회에서 권장하고 있는 유학수속 표준 약관과 절차대행 표준계약서는 다음과 같다

유학수속 표준 약관

제1조(유학원의 의무)

① 유학원은 의뢰인을 위해 다음 각 호의 업무를 제공·처리함에 있어서 의뢰인이 입학하고자 하는 지원학교에 예정된 일정에 입학할 수 있도록 선량한 관리자로서의 주의의무를 다하여야 합니다.

② 유학원은 의뢰인의 의뢰에 따라 유학상담 및 유학수속 대행업무를 수행함에 있어서 사실에 입각한 정확한 정보와 자료를 제공하여야 합니다.

③ 유학원은 의뢰인과의 상담 및 의뢰인이 제출한 자료 등을 기초로 지원학교를 선정한 경우에는 즉시, 의뢰인에게 통지하여야 합니다.

④ 유학원은 의뢰인에게 유학소속대행업무의 구체적인 내용과 그 비용을 서면으로 제시·설명하고 추가적으로 비용을 청구하는 경우에는 근거자료를 제시하여 그 이유를 명백하게 설명하여야 합니다.

⑤ 유학원이 의뢰인을 대신하여 학비 및 제반 수수료의 송금을 진행하는 경우에는 먼저, 유학원 소정의 영수증을 발급하고 차후 해당 학교로부터 영수증이 도착되면 이를 지체없이 의뢰인에게 전달하여야 합니다.

제2조(의뢰인의 의무)

① 의뢰인은 유학원이 유학수속 대행업무를 수행할 수 있도록 계약체결시 약정한 비용 및 유학수속 진행과정에서 필요한 지원학교 입학신청료 등 의뢰인이 부담해야할 비용을 지불하여야 합니다.

② 의뢰인은 유학원의 요청에 따라 유학수속 대행업무에 필요한 각종 서류 등을 지정된

기간 내에 유학원에 제출하여야 하며, 의뢰인이 유학원에 제출하는 서류 등은 사실과 부합되고 적법하게 발급된 것이어야 합니다.

제3조(유학원의 면책)

① 유학원은 다음 각 호에 해당되는 경우에는 그 책임을 지지 않습니다.

② 유학원은, 의뢰인이 지원을 의뢰한 학교들 중 어느 곳에서도 소정 학기에 입학허가서를 취득하지 못한 경우, 유학소속상 업무처리의 오류가 없음을 입증할 경우에 한하여 그 책임을 면할 수 있습니다.

제4조(계약의 해제 및 손해배상)

① 유학원은 의뢰인이 제2조의 의무를 위반한 경우에 계약을 해제할 수 있으며, 유학원에게 손해가 발생한 경우 의뢰인에게 그 배상을 청구할 수 있습니다. 이 때에 유학원은 이미 수령한 유학수속대행료 등과 의뢰인에 대한 손해배상금을 상계할 수 있습니다.

② 의뢰인은, 유학원이 제조 제1항 내지 제4항의 의무를 위반한 경우 또는 의뢰인이 지원을 의뢰한 학교들 중 어느 곳으로부터도 소정 학기에 입학허가서를 취득하지 못하고 유학원이 유학수속상 업무처리의 오류가 없었음을 입증하지 못하는 경우, 계약을 해제하고 이미 지급한 유학수속대행료 전액의 반환 및 손해배상을 청구할 수 있습니다.

제5조(계약의 해지 및 대행료 환급 등)

① 의뢰인은 개인적 사정으로 유학원과의 계약을 해지할 수 있습니다.

② 전항의 경우에 유학원은 다음 각 호의 업무처리 진행단계에 따라 유학수속대행료에서 다음과 같은 일정비율의 금액을 공제하고 그 나머지를 의뢰인에게 환급합니다.

③ 유학원은 계약의 중도 해지시 계약해지 시점까지 의뢰인으로부터 유학수속과 관련하여 수령하였거나 작성한 서류일체를 의뢰인에게 반환하여야 합니다.

제6조(대행업무의 계속 또는 종료)
① 유학원은, 의뢰인이 지원을 의뢰한 학교들 중 어느 곳으로부터도 소정 학기에 입학 허가서를 취득하지 못하고 유학원이 유학수속상 업무처리의 오류가 없었음을 입증하지 못하는 경우, 의뢰인이 원하면 의뢰인의 동의를 얻은 3개교 이내에서 추가수속비의 수령 없이 유학수속을 계속 진행할 수 있습니다. 이 때에 의뢰인은 제4조 제2항의 규정에 의한 계약해제 및 손해배상을 청구하지 아니합니다.
② 출국준비수속이 완료되면 유학원의 대행업무는 종료됩니다.

제7조(계약의 변경 등)
① 본 계약의 변경 또는 수정은 유학원과 의뢰인이 서면으로 합의하여야 합니다.
② 본 약관에서 규정하지 않은 사항은 관계 법령 및 거래 관행을 고려하여 신의성실의 원칙에 따라 유학원과 의뢰인이 합의하여 해결합니다.
③ 본 계약과 관련된 분쟁에 관한 소송은 민사소송법상의 관할 법원에 제기합니다.

*특약사항 및 기타 추가 사항:

본 계약의 내용을 증명하기 위하여 계약서 2통을 작성하여 유학원과 의뢰인이 각 1통씩 보관합니다.

년   월   일

어학연수 절차대행 표준 약관(계약서)

제1조(목적)

이 약관은 어학연수 절차대행업체(이하 '사업자'라 함)와 어학연수 절차대행을 의뢰한 사람(이하 '고객'이라 함)간의 권리와 의무사항을 규정함을 목적으로 한다.

제2조(어학연수의 정의)

'어학연수'라 함은 명칭 및 기간에 관계없이 외국의 어학 연수기관 등 (이하 "어학원"이라 함) 에서 외국어를 습득하는 일체의 활동을 말한다.

제3조(참가프로그램 등)

① 어학연수프로그램은 아래와 같다.
② 어학연수참가자는 아래와 같다.

제4조(대행업무의 범위)

제5조(절차대행수수료의 구성)

① 어학연수절차대행수수료(이하 "대행수수료"라 함)는 원이고, 구체적인 내용은 아래와 같다. 다만, 대행수수료에는 여권신청료, 비자신청료, 참가자의 요청에 의한 국제통화료, Fax요금, 서류 공증료 및 의료보험료가 포함되지 않는다.
② 위 대행수수료의 납부방식에 대하여 사업자와 고객이 협의하여 다음 중 하나를 선택

하여야 한다.

제6조(예상일정) 절차대행일정은 아래와 같다.

제7조(사업자의 의무)
① 사업자는 제4조의 업무를 수행함에 있어서 선량한 관리자로서의 주의와 의무를 다하여야 한다.
② 사업자는 어학연수 상담 및 절차대행업무를 수행함에 있어서 사실에 입각한 정확한 정보와 자료를 제공하여야 한다.
③ 사업자는 대행수수료가 추가적으로 발생하여 그 비용을 청구하는 경우에는 근거자료를 제시하여 그 이유를 설명하여야 한다.
④ 사업자가 고객을 대신하여 어학연수비용의 송금업무를 수행하는 경우에는 먼저 사업자가 영수증을 발급하고 차후 해당 어학원으로부터 학비 및 제반비용 납부확인서가 도착되면 이를 고객에게 전달하여야 한다.
⑤ 사업자는 고객과 어학원간에 분쟁이 발생할 경우 그 분쟁의 해결을 위해 고객에게 협조하여야 한다.

제8조(고객의 의무)
① 고객은 사업자가 절차대행업무를 원활하게 수행할 수 있도록 그에 따른 비용(대행수수료)을 지불해야 한다.
② 고객은 어학연수절차에 필요한 각종 서류 등을 지정된 기간 내에 사업자에게 제출하여야 하며, 사업자에게 제출하는 각종 서류 등은 사실과 부합하고 적법하게 발급된

것이어야 한다.

③ 고객이 연수프로그램 참가절차에 필요한 각종 서류는 고객이 직접 작성함을 원칙으로 하며, 사업자는 수정 및 보완을 고객에게 요청할 수 있다.

제9조(계약해제 및 손해배상)

① 고객은 사업자가 제7조의 의무를 위반한 경우에는 계약을 해제할 수 있으며, 이로 인하여 손해가 발생하였을 경우에는 손해배상을 청구할 수 있다.

② 사업자는 고객이 제8조에 명시된 의무를 위반한 경우에 계약을 해제할 수 있으며, 이로 인하여 사업자에게 손해가 발생한 경우에는 고객에게 손해배상을 청구할 수 있다.

제10조(계약의 해지 및 환급기준)

① 고객은 개인사정으로 대행계약의 중도해지를 요청할 수 있으며, 대행수수료의 환급기준은 다음과 같다.

② 사업자는 자기의 사정으로 절차대행계약을 이행할 수 없을 경우 대행계약의 중도해지를 요청할 수 있으며, 대행수수료의 환급 및 보상기준은 다음과 같다.

③ 제1항과 제2항에 의해 대행계약이 중도에 해지되어 환급사유가 발생할 경우 사업자는 사유가 발생한 날로부터 15일 이내에 정산(환급)하여야 한다.

④ 고객이 어학원을 중도 해지한 경우 어학원등록비와 숙소 등의 제반비용에 대한 환급기준은 해당 어학원의 기준에 따른다.

제11조(사업자의 면책)

① 사업자는 다음의 각호에 해당하는 경우에는 책임을 지지 않는다.

② 위 각호에 해당되더라도 사업자의 책임이 있는 사유로 이루어진 경우에는 그러하지 아니하다.

제12조(분쟁의 해결)

① 이 약관에서 규정하지 않은 사항은 당사자간의 합의에 의해 해결하거나 합의되지 아니할 경우에는 관계법령 및 거래관행 등에 따른다.

② 제1항의 규정에도 불구하고 법률상 분쟁이 발생한 경우에는 사업자 또는 고객은 소비자기본법 또는 다른 법률에 따른 분쟁조정기구에 분쟁조정을 신청하거나 중재법 또는 다른 법률에 따라 운영중인 중재기관에 중재를 신청할 수 있다.

제13조(관할법원)

이 계약과 관련된 분쟁에 관한 소송은 민사소송법상의 관할법원에 제기하여야 한다.

위 계약의 내용을 증명하기 위하여 계약서 2통을 작성하여 사업자와 고객이 각 1통씩 보관한다.

년   월   일

사업자

상 호 :

주 소 :

대표자 :   (인)

고 객 :   (인)

유학에 대한 14가지 오해

01
유학원을 끼지 않고 가는 것이 저렴하다?

과수원에서 과일을 직접 구매하면 저렴하게 구매가 가능하다. 공장에서 직접 TV를 구매하면 저렴하겠지만, 소비자에게 직접 판매하지는 않는다.

  유학을 준비하는 학생들이 유학에 대한 잘못된 상식을 가지고 있다. 하나는 과수원에서 과일을 직접 구매하면 도매상, 소매상을 거치지 않아 저렴하게 구매가 가능하다는 정의를 유학과 대비시켜 생각하고 있는 것이다. 현실적으로 그런 정의가 적용되는 것은 상대적으로 까다로운 수속절차를 가지고 있는 정규유학에만 적용된다. 워낙 서류작성이 복잡하고 번역문제도 있기 때문에 유학수속비용이 비싸다. 그렇기에 학생 본인이 대행 없이 할 수 있다면 저렴하게 유학준비를 할 수 있다.

그렇지만 간과하지 말아야 할 문제가 있다. 보통, 정규유학 같은 경우는 혼자 준비하면 비용이 거의 발생하지 않아 좋을 것 같지만, 학생이 가지고 있는 스펙에 맞춰 최대한의 효과를 얻게 만드는 것이 유학원의 역량이다. 그것을 기억한다면, 학교 선택이 이미 정해진 상황이면 모를까 성적에 따라 여러 학교들 중 자신에게 최적화된 학교를 골라야 하는 문제를 가지고 있는 학생에게는 좋은 유학원 선택이 이득이다.

이런 정규유학과는 다르게 어학연수는 조금 다르다. 어학연수는 학생 개인이 학교와 직접 접촉을 통해 소속을 진행하면 가격이 더 '비싸다'. 어학원은 유학원에 본교에 대한 모객비용에 따른 광고지원비를 지급하는 형태다. 개인에게 광고지원비를 지급해주지도 않을뿐더러, 자칫 개인에게 저렴한 비용으로 학비를 제공했다가는 유학원들에 의해 어학원이 문을 닫을 수도 있기 때문이다.

02
미국비자 거절은
유학원 능력 밖의 일이다?

요즘 어디를 가나 미국비자가 화두다. 워낙 미국비자 거절이 많다 보니 미국을 못 가고 캐나다로 선회하는 경우가 많아 캐나다유학이 활성화되고 있다는 말이 나올 정도다. 그렇다면 미국비자는 운이 없어서, 혹은 미국영사의 심술에 의한 거절로만 봐야 할까?

아니다. 실제 전통 있는 유학원들은 하나 같이 전 세계 학생비자 중 미국비자가 가장 쉽다고 이야기한다. 그들이 공통적으로 이야기하는 미국비자는 자국민 보호주의에 입각한 비자다. 미국영사는 비즈니스맨이 아니다. 그들은 자국민의 안전을 위해 공부의 목적이 아닌 사람들을 골라내는 것이 업무다. 보스턴 테러 사건으로 인해 더욱 까다롭게 걸러내는 것은 그 사람의 업무로, 당연한 것이다.

전통 있는 유학원들은 학생들에게 미국비자를 준비할 때 본인이 왜 미국유학을 선택했는가를 충분히 설명한 서류와 인터뷰를 준비하라고 말한다. 미국영사도 학생신분으로 자국을 방문하겠다는 사람들에게는 그렇게까지 '매의 눈'으로 쳐다보지 않는다. 학생신분으로 가장해 불법체류를 할 목적인 사람을 가려내는 것이 중요할 뿐이다. 미국비자 거절율을 내세우며 미국유학에서 캐나다유학 같은 대체유학을 권하는 유학원은 한 번쯤 의심해라.

학비는 꼭 유학원으로 송금해야 된다?

1년이면 몇 차례씩 뉴스에 나오는 유학사기사건. 유학사기의 대부분을 차지하는 경우는 학생이 유학원에 학비를 입금한 후 유학원이 소문 없이 잠적하는 경우다. 실제 여기에서 많은 학생들이 의문을 가진다. 학비를 굳이 유학원에 내야 되나? 직접 학교에다 송금해도 되지 않나?

실제 대부분의 유학원들은 법인명의의 유학원 계좌로 학비송금을 받는다. 그리고 광고지원비를 제외한 금액을 학교에 송금하는 식의 구조로 유학원을 운영한다. 이 부분이 잘못되었다고 비난할 수는 없다. 실제로 학비송금을 하는 데 있어서 추가비용이라 할 수 있는 송금수수료 같은 경우, 개인하고는 다르게 많은 해외송금을 하는 유학원인 경우 송금수수료를 우대받는다. 유학원의 혜택 중 하나다. 이런 혜택을 역이용하여 학생들에게 학비 송금을 개인 계좌로 받은 뒤 잠적하는 것이 문제다. 바로 이런 것이 유학사기다.

학비송금에 대해서 무조건 유학원 계좌로 보내라는 식으로 요구하는 유학원은 의심해야 된다. 실제로 유학원에도 공정거래법이 존재하며, 표준 약관에 표기된 내용을 살펴보면 유학원은 학비 및 제반 수수료를 고객이 직접 현지 어학원 및 학교에 납부하도록 권고하라고 명시되어 있다. 그렇지만 대부분의 유학원들은 이에 대한 의무를 져버린다.

지금 이 순간에도 저렴한 학비만을 검색하는 학생들이 많을 것이다. 물론 그것도 중요하지만 본인의 인생을 좌지우지할 수 있는 유학원에 대한 정보검색에 더 큰 힘을 쏟아야 하지 않을까?

유학박람회 기간이 가장 저렴하다?

봄, 가을 대규모로 열리는 코엑스 유학박람회는 유학을 준비하는 사람들에게 가장 많은 정보를 제공하고 혜택도 많은 행사였다. 과거 유학박람회는 전국 대부분의 유학원들이 참여하는 행사로, 학생들에게는 많은 혜택과 저렴한 학비로 유학을 갈 수 있는 기회였다. 하지만 현재는 박람회에 참여하는 업체도 줄어들고 있고, 방문하는 학생들도 점차 줄어들고 있는 실정이다. 실제로 여러 부스를 차지하는 대형유학원을 제외하고는, 소규모 유학원들에게는 들러리 행사가 되어버린 지 오래다. 예전 유학박람회 기간 내 현장등록자가 상당했던 것에 비해서, 현재는 현장등록하면 '바보'가 되는 분위기가 조성되어 있는 것도 사실이다.

학교 관계자들도 난감한 입장이다. 유학박람회를 통해서 학교 인지도 향상과 많은 학생등록을 원하지만 현실적으로 유학원의 힘을 보여주는 과시형 유학박람회가 되어버렸으니 말이다. 되려 유학박람회 기간 동안 평소보다 더 학교등록이 저조하다는 하소연까지 나오고 있는 상황이다. 더군다나 유학박람회를 참가하려면 어느 정도의 지원금을 유학원에 지원해야 되는 상황이기까지 하니, 울며 겨자 먹기 식으로 유학박람회를 참가한다는 것이 어학원 관계자의 솔직한 심정이라고 한다. 어학원 관계자들이 유학박람회를 조금씩 꺼리기 시작한다. 그도 그럴 것이 예전에는 봄, 가을 그러니까 일 년에 2회 정도의 큰 행사라 투자금 형식으로 지원을 했지만 현재는 크고 작은 유학원들이 자체 박람회까지 하면서 매달 행사를 여는 상황이다. 그러다보니 어학원 입장에서는 아무리 모객을 위한 박람회라고는 하지만, 예전에는 쓰지 않아도 되는 인력과 돈을 쓰게 된 것이다.

결국 그런 행사를 많이 가지면 가질수록 어학원에 부담은 가중되고, 이는 고스란히 학비 인상을 통해 반영되고 있다. 유학을 준비하는 사람들을 위한 유학박람회가 어느 순간부터 유학원들이 어학원들에 지원금을 받기 위한 행사가 되어버린 것 같아 씁쓸하다.

05
유학원이 제공하는 서비스를 이용하는 것은 모두 손해다?

지금은 스마트폰이 대중화되어서 많은 이들이 온라인 커뮤니티 활동보다는 SNS로 몰리지만, 다음이나 네이버의 클럽, 카페가 한창 인기를 끌 때가 있었다. 그 당시 유학을 준비하는 사람들은 클럽에 가면 살아있는 정보를 얻을 수 있다는 인식이 있었다. 또한 그 당시 많은 이들은 커뮤니티 클럽을 순수한 목적의 봉사단체(?)라고 착각했다. 실제 처음에는 순수한 목적의 커뮤니티로 시작되었지만, 나중에는 유학원으로 바뀐 경우가 대부분이다. 그도 그럴 것이 유학 수속 한 명당 최소 몇 십 만원에서 많게는 몇 백 만원까지 벌 수 있다는데, 욕심이 생기지 않겠는가. 돈 앞에 순수한 마음을 잃는 것은 충분히 이해할 수 있다. 그로 인해 야기되는 문제들을 접하기 전까지 말이다.

처음에는 순수한 목적의 비영리 개인이 운영하는 커뮤니티가 시간이 지나 유학원의 백그라운드를 업고 영업을 하고 있다. 당연히 학생들은 배신감을 느꼈다. 그 배신감은 커뮤니티 정보의 불신으로 이어졌다. 유학원이 소개하는 보험, 유학원이 소개하는 은행, 유학원이 소개하는 국제전화 서비스들도 직접 알아보는 것보다 비싸다고 생각하는 것이다.

그렇지만 그것은 오해다. 물론 유학원이 소개하는 보험, 은행, 국제전화 서비스를 소개하는 것에 따른 광고지원비 혹은 선물을 받는 것은 사실이지만 그 대부분은 유학원의 부수입이다. 학생들이 지불해야 되는 금액에 얹어서 돈을 받는 것이 아니란 말이다.

유학원은 보험, 은행, 국제전화 서비스 등을 제공하는 업체에서 도매가로 제공받는다. 그 도매가를 가지고 서비스 개념으로 학생들에게 소개를 하는 것이다. 그런 점에서 직접 알아보는 것보다 저렴하게 보험가입, 환율 우대, 국제전화 서비스 이용이 가능한 것이다. 유학원에서 제공하는 서비스를 잘 이용해도 유학비용을 많이 아낄 수 있다. 이것도 분명한 사실이니 좋은 점은 이용하라.

06
싼 가격으로 유학 갈 수 있게 하는 게 유학원의 힘?

유학원의 힘은 무엇일까? 다른 유학원에 비해 많은 혜택을 주는 것? 아니다. 학생들이 가장 착각하는 부분이다. 물론 유학원의 힘이 있기 때문에 학비를 저렴하게 할인해주고 혜택을 주는 것은 맞다. 그렇지만 그것을 유학원의 지표로 삼는 것은 잘못된 생각이다. 암묵적으로 묵인해주고 있지만 실제로 학교에서는 유학원들이 학비할인을 하지 못하게 한다. 진정한 유학원의 힘은 전 세계 중소도시 어디든 학생이 원하는, 학생에게 맞는 학교로 보낼 수 있어야 한다는 것이다. 대규모 유학원들과 전통 있는 유학원들은 보통 전 세계 소규모 학교들과도 계약을 체결하고 있다. 그러다보니 작은 혹은 신생 유학원들이 가지지 못한 엄청난 학교DB를 가지고 있다.

유학원 선정문제에 있어서 중요하게 검토해야 되는 것은 가격이 아니다. 유학원이 얼마나 많은 학교DB를 가지고 있으며, 본인에 맞는 맞춤형 상담이 가능한지를 판단하는 것이 가장 중요하다.

물론 DB를 가지고 있는 게 마냥 장점이 될 수 없다는 것도 알고 있어야 한다. 실제로 많은 DB를 구축하고 있는 유학원이지만, 유학상담사가 자신의 유학원에 수익이 되는 학교만 추천한다면 학생들에게는 아무런 도움이 되지 못하기 때문이다.

그와 함께 중요하게 생각해야 하는 것 중의 하나는 전문성. 학생들의 능력에 따라 학교에서 장학금을 받을 수 있는 것도 유학원의 힘에 해당한다. 물론 이 경우는 정규유학 학생에 한해서다. 가끔 유학원들이 어학연수 가는 학생들에게 장학금 혜택을 제공한다고 말하는데, 그건 거짓이다. 장학금이 아니라, '할인쿠폰'이라는 표현이 맞다. 어학과정은 학문적 능력을 평가하는 정규과정이 아니라는 점을 알아야 한다.

실제 어학연수 과정은 저렴하게 갔다고 생각하지만, 정규유학에 대한 전문성 결여로 장학금을 받아야 하는 학생이 서류 누락과 같은 황당한 이유로 장학금을 덜 받거나 혹은 아예 못 받는 경우도 생겨난다. 그렇기에 유학원 선정 시 중요하게 봐야 하는 점은 유학원의 외적인 규모보다, 얼마나 전문성 있는 유학전문가를 보유했는지를 평가해보아야 한다는 것이다.

한국에서의 학교 등록보다 현지 등록이 더 저렴하다?

한국에서 학교 등록하는 것보다 현지에서 학교 등록하는 것이 더 저렴하다는 인식이 세간에 퍼져있다. 그렇다면 이 이야기가 맞는 것인가? 상황에 따라 맞을 수도 있고, 틀릴 수도 있다. 현지에서 학교 등록이 저렴한 경우는 보통 짧게 어학연수를 가는 경우다. 한국에서 학교 등록을 할 때 할인혜택을 받는 경우는 보통 12주 이상 학교 등록을 하는 경우다. 유학박람회를 방문하게 되면 10주 등록하면 2주 무료 혜택, 20주 등록하면 4주 무료혜택, 혹은 입학금 면제 혜택 등의 현수막을 많이 볼 수 있다. 통상적으로 학비는 12주 단위로 주당 학비가 저렴해진다. 그렇지만 짧게 가는 어학연수 같은 경우는 한국에서의 혜택은 거의 없다고 해도 과언이 아니다. 그러다보니 상대적으로 자본금 없이 워킹홀리데이로 많이 가는 호주에서는 현지에서 학교 등록을 하는 것이 더 저렴하다는 인식이 팽배해진 것이다.

현실적으로 연수기간을 길게 생각하는 학생은 현지에 가서 학교 등록을 해서 10퍼센트 이상 학비 할인을 받아도 손해다. 더군다나 연계연수가 대세가 되어버린 요즘은 더욱 그러하다. 가격경쟁의 불이 붙어버린 현재의 유학시장에서 한쪽의 이윤은 남기지 않은 채 학생을 유학 보내는 경우가 대부분이기 때문이다. 현재의 유학시장에서 한 나라 어학연수로 나오는 이윤은 버리고 다른 나라 연수기간에만 수익창출을 하는 식으로 영업을 하는 유학원들이 많이 있다. 필리핀연수에서는 전체금액에서 20퍼센트 할인을 받았는데 미국연수는 아무런 혜택을 못 받았다면 전체적으로 10퍼센트 할인받은 학생보다 비교해보면 더 비싸게 가는 경우도 많다는 계산이 나온다. 그러기에 유학원의 마케팅 꼼수에 주의를 기울여야 된다.

또 한 가지 결코 무시할 수 없는 것 중의 하나는 한국에서 학교 등록을 하게 되면 어학연수 계획서를 미리 짜보면서 체계적인 유학계획도 잡을 수 있다는 점이다. 그리고 검증되지도 않은 외국의 어학원을 저렴하다는 이유만으로 오랜 기간 다닌다면 그것도 문제다. 그런 점에서 본인에게 맞는 상담을 해주는 유학원을 최종 선택하는 것이 좋다.

08
유학박람회 참여 안하는 유학원은 볼 것도 없다?

유학을 준비하는 학생들이라면 꼭 들어봤을 행사로 코엑스유학박람회가 있다. 코엑스유학박람회가 열리는 봄(3월 4월), 가을(9월 10월)의 최소 2개월 전부터 인터넷에 도배되다시피 노출된다. 실제 전체 유학원 수속학생 절반 이상이 유학박람회 기간에 입학한다고 말할 정도로, 유학원에 있어서 가장 중요한 행사다.

그런데 학생들이 이 부분에서 착각하는 것이 있다. 그렇게 큰 유학박람회 행사에 참가하지 않는 유학원은 '메이저 급 유학원이 아니다'라는 인식이 그것이다. 그것은 잘못된 편견이다.

유학박람회는 유학원의 박람회가 아니다. 다시 말해, 유학박람회는 유학원의 위용을 보여주는 박람회가 아니라는 말이다. 말로만 듣던 학교관계자를 직접 만나고 평소 접하기 어려운 학비 할인을 받을 수 있는 것이 유학박람회다. 이 기간에 박람회에 참가하는 업체만 그 특별 할인가를 받는 것이 아니라, 대부분의 유학원들도 특가 적용을 받는다.

박람회 기간 동안 12주 이상, 24주 이상, 36주 이상 학교등록을 하는 이에게 특별혜택을 준다는 광고 문구를 어렵지 않게 볼 수 있지만, 그것은 유학박람회와는 상관없는 유학원의 모객 프로모션이다. 많은 사람들이 유학박람회를 유학원 박람회로 착각하고 있다! 기억하라! 유학박람회는 외국의 어학원과 영어학교의 박람회다. 유학원의 위용을 보여주는 유학원 박람회가 절대 아니다.

같은 날, 같은 기간 가면
학비는 다 똑같다?

같은 날, 같은 기간 유학 가는 학생의 학비가 서로 다르다? 이것은 유학사기일까? 많은 학생들이 오해하는 측면이다. 보통 학비는 학교 '등록 시기'에 따라 달라진다. 학비는 매년 오른다. 그렇지만 학비가 책정되지 않는 시기에 학교 등록을 하면 다음 해에 가더라도 학비는 등록한 해 비용으로 적용되어서 인보이스가 발행된다. 통상적으로 학비는 물가상승에 따라서 매년 주당 10달러에서 20달러가량 오른다. 그런 점에서 장기등록을 하는 경우는 많게는 몇 십만 원까지 차이가 나는 경우도 있다.

또한 학교 등록을 하는 시기에 프로모션 학비가 적용된다면, 학비는 더욱 저렴해진다. 그렇지만 프로모션이 적용되지 못한 학비와 학비가 오른 상태에서 학교 등록을 하는 학생들은 아무런 비용 혜택을 받지 못한 채 제 가격 다 내고 간다. 이처럼 학비가 다른 것은 유학사기가 아니라 본인의 준비부족으로 인한 가격차이라고 보면 된다. 학비만이 아니다. 항공권 역시 본인이 미리 프로모션 가격을 알아본 뒤 구매한다면 몇 십만 원의 차이를 두고 저렴하게 구매가 가능하다.

가장 저렴하게 어학연수를 가는 방법은 철저히 본인의 발품에 좌우된다. 유학원 모객 이벤트 혜택과 학교에서의 프로모션 가격에 맞춰 학교 등록을 한다면, 요즘 같이 경제가 어려운 시기에 조금이라도 더욱 저렴하게 어학연수를 갈 수 있다.

유학원 직원은 트레이너이자 감독이다?

아무리 혼자 바벨을 들고 러닝머신을 뛴다 하더라도, 완벽한 몸을 만들기란 쉽지 않다. 하지만 1급 트레이너의 가르침대로 움직이면 단기간에 본인에게 맞는 최상의 몸매를 만들어준다. 유학원의 능력은 바로 1급 트레이너가 있는 헬스클럽과 단순히 최신 헬스 기구만을 비치한 헬스클럽과의 차이처럼 유학지식이 있느냐 없느냐 차이로 유학원의 능력을 판가름할 수 있다. 하지만 현재 유학시장은 1급 트레이너의 능력을 보유한 인원보다는 헬스클럽의 규모에 치중하는 현실처럼 내실을 다지는 영업이 아닌 외형만 키우는 영업만 존재하고 있다. 얕은 유학지식을 돈으로 커버하고 있는 실정이다.

아무리 좋은 시설을 갖추고 있어도 그 사용법을 제대로 모른다면 무용지물이다. 헬스 기구를 몇 가지 갖추지 않더라도 각 기구마다 사용법을 고객들에게 제대로 숙지시킬 수 있는 1급 트레이너가 있다면 그곳이 더 좋은 헬스클럽 아닌가?

지금 현재 유학원들은 외형만 키우는 영업방식을 고수하고 있고 학생들 역시 외형에만 신경 쓴 채 내구성을 가지지 못한 사이비 유학원에 현혹되고 있다. 훌륭한 선수 뒤에는 훌륭한 지도자가 있었다. 대한민국 축구의 신기원이라 말하는 2002년 월드컵 4강의 역사는 태극전사가 만들었지만, 그들의 장단점을 파악해 지도했던 히딩크라는 존재가 있기에 가능했다.

마찬가지다. 자신의 역량을 발휘하지 못하는 학생들에게 날개를 달아줄 조연 역할을 하는 곳이 유학원이다. 단순히 돈만 지불하는 관계로의 유학원 선택이 아닌 멘토 역할도 가능한 유학원 선정이 그래서 중요하다. 유학원 선정이 유학성공의 가장 큰 첫 번째 단추라는 것을 기억하고 심사숙고해야 할 것이다.

검색 상단의 노출 순위가 유학 지식의 깊이는 아니다!

유학준비를 할 때 내가 가장 강조하는 부분이 있다. 절대로 유학을 온라인 상담만으로 결정하지 말아야 한다는 점이다. 대부분 온라인 상담으로 유학을 결정하는 학생들과 학부모들은 본인이 알고 '싶어 하는' 유학 관련 검색과 연관된 내용을 신뢰한다. 검색이나 사이트 상단에 자신이 보고 싶은 문구를 보면 그걸 믿는다. 이게 얼마나 웃지 못 할 일인가!

 이런 심리로 유학원들은 포털 사이트 검색어 상단을 차지하기 위해 많은 돈을 지불하고 있다. 이와 함께 요즘 한창 뜨고 있는 블로그 시장도 비슷한 논리가 적용되고 있지만, 파워링크와 같이 포털 사이트에 지불하는 금액은 없다. 그런데 공감 댓글을 눌러주는 아르바이트가 존재한다. 실제 블로그가 메인페이지에 노출되려면 IP 주소 당 공감과 댓글이 많이 달려야 유리하기 때문이다. 이와 함께 타 유학원 블로그에 자신의 정보가 노출이 되지 않는 선에서 스팸 댓글을 남기고 사이트에 신고를 한 후 상대방 블로그를 저 품질 블로그로 만드는 경우도 있다. 그렇게 되면, 아무리 좋은 글을 써도 블로그 검색 3페이지 정도는 넘어가야 노출이 된다. 시장 가치가 없는 것이다. 그런 이치를 잘 아는 각 유학원 IT전문가들은 상대방 유학원에 어뷰징 공격(스팸댓글)을 하고 사이트에 신고를 한다.

  이런 형편이다 보니 정보전달 보다는 검색에 노출될 수 있게 연구해서 글을 쓰는 경우가 대부분이다. 학생들은 검색어 상단에 위치했다는 이유로 그 글을 신뢰하고, 그 내용에 맞춰 유학 계획을 세우고, 유학을 가니 문제가 발생한다. 유학 지식의 깊이가 아닌, IT전문가의 노력으로 노출되는 글에 맞춰서 유학을 준비하는 것이다.

  온라인 검색을 통해 여러 가지 정보 습득을 하는 자세는 좋다. 그렇지만 온라인 검색으로 알아낸 정보가 진리인 양 여기고 유학계획을 설계하는 것은 잘못됐다. 다양한 루트로 습득한 여러 유학 정보를 가지고 유학 계획을 세워라. 그리고 여러 유학원 상담사들과 만나보고 본인에게 가장 맞는다고 판단이 서는 유학원을 선택하는 것이 유학 성공에 한 발 다가서는 방법이다.

유학프로그램은 정찰제가 가능한가?

유학 수속 시 많은 학생들이 분노를 느끼는 부분이 있다. 다른 학생에 비해 본인의 유학원 수속비용이 비싸다는 점이다. 이 부분이 어쩌면 유학생들이 유학원을 불신하는 결정적인 이유일 것이다.

왜 유학프로그램은 정찰제가 아니라 유학원들마다 천차만별로 차이가 나는가? 이에 대한 유학원의 항변을 대신 해보자면, 유학수속에 대한 비용은 가방과 같기 때문이라고 말할 수 있겠다. 가방을 '용도'에만 맞추어 가격을 책정한다고 한다면 무조건 부피가 큰, 물건이 많이 들어가는 가방이 비싸게 매겨질 것이다. 섬세한 무두질로 가죽을 매만지고, 장인이 한 땀 한 땀 박음질한 가방은 명품이라는 칭호를 받으며 일반 가방보다 몇 배 혹은 몇 십 배나 가격이 비싸다. 좋은 가방은 두고두고 쓰며 본인의 가치를 높게 만들지만, 싸구려 가방은 며칠 지나지 않아 헤지고 심지어는 버려야 될 정도로 질이 좋지 않다. 유학수속은 이와 비슷한 개념으로 보는 것이 맞다.

  같은 제품을 대형 마트에서 사면 조금 저렴하게 구매가 가능하다는, 그런 개념이 아니다. 명품 가방은 비싼 만큼, 싸구려 가방은 저렴한 만큼, 그 값을 하는 것이 유학원의 수속비용이라 말할 수 있다. 물론 짝퉁 명품을 파는 업체처럼 프리미엄을 강조하며 과도한 유학수속 비용을 요구하는 곳이 분명히 있다. 그러기에 유학원에 수속을 맡길 시 최소한 세 군데에서 많게는 다섯 군데까지 알아보고 본인의 미래를 책임져 줄 수 있는 멘토 같은 유학원에 수속의뢰를 맡기는 것이 답이다. 유학은 같은 제품을 저렴하게 혹은 비싸게 판매하는 개념으로 접근해서는 안 된다.

  싸구려 가방을 구매하면 A/S를 받을 수 없지만, 명품 가방을 구매하면 제대로 된 대우를 받을 수 있다. 수속비용에 따른 서비스 비용이 달라진다는 점을 잊지 말기 바란다.

13
전문가 프로그램 vs 비전문가 프로그램을 구분해라!

영어를 할 줄 아는 사람과 영어를 가르칠 수 있는 사람을 구분하는 것처럼 학생들이 유학정보를 알려줄 수 있는 전문가와 단순히 수박 겉 핥기 식으로 유학정보를 아는 사람과는 구분을 지어야 한다. 지금 유학사기사건과 유학원들이 전문가 집단에서 '브로커'로 비하되는 이유가 바로 이런 구분을 못해서다.

현재 많은 유학원에서 관리형 유학프로그램을 운영하고 있다. 그 과정에서 유학원이 '브로커 집단'이라는 오인을 받는다. 터무니없이 비싼 관리형 유학프로그램 비용에 광분한 현지 이민자들이 직접 유학프로그램을 만들어 운영하며, 가격 거품을 빼 영업을 하는 것이다. 물론, 이런 현상이 벌어지기까지 무조건 비싸게 금액을 책정한 유학원에 일차적인 책임이 있다. 하지만 그렇다고 해서 현지 교육에 대한 경험이나 시스템을 알지 못하고 한국음식을 제공한다는 장점을 내세우며, 한국의 부모들과 의사소통이 원활하다는 이유로 근처의 수준 낮은 학교와 결탁하여 친척이나 한국학생들을 받아 홈스테이 및 관리형 유학이라는 이름으로 현지 유학원을 운영하고 있는 현실을 옹호할 수 있을까?

실제로 잘못된 유학은 단순히 시간을 버리는 것이 아니라 인생을 망칠 수 있다. 유학전문가의 전문조언 없이 시작한 유학생활은 대부분 유학의 목적과 맞지 않는 생활을 하는 경우가 많기 때문이다.

분명히, 현재의 관리형 유학은 가격 거품이 존재하는 것은 맞다. 그렇지만 전문가 집단이 아닌 사람들이 가격거품을 빼겠다며 유학상품을 판매하는 것은 더욱 위험하다. 이미 이야기했지만, 유학 가기 전 최소 세 군데의 유학원을 둘러보고 최종 결정하기를 바란다. 제발!

유학원 창업은 돈 없어도 가능하다?

전국적으로 유학원은 얼마나 될까? 한국유학협회는 전국 유학원 숫자를 약 1천 500여개 정도로 추정하고 있다. 그렇지만 실질적인 유학원 숫자는 그 배에 해당한다고 본다. 이유는, 유학원은 설립에 특별한 제한이 없고 소규모 형태로도 충분히 운영이 가능하기 때문이다. 자본금이나 투자금 없이도 자유롭게 설립이 가능하고 휴·폐업이 용이하다는 점 때문에 많은 이들이 유학원 창업에 뛰어들고 있다.

더구나, 인터넷의 보편화로 소비자들도 유학 정보에 쉽게 접근할 수 있다는 점과 저렴한 비용으로 인터넷 카페를 통해 모객이 가능하다는 점 때문에 유학원은 경기불황인 지금도 강남지역만 해도 한 달 사이 몇 군데가 문을 닫고, 또 생겨나고 있다.

실제 유학원 창업비용으로 추정되는 금액은 2천만 원이 채 되지 않는다! 그것도 사무실 임대료가 차지하는 비중이 가장 크고, 실제로 드는 비용은 1천만 원도 채 되지 않는다. 그런 현실이다 보니 교육적인 마인드 없이 학생 한 명 수속하는 데, 적게는 몇 십만 원에서 많게는 몇 백만 원까지 벌 수 있는 유학업에 뛰어드는 것이다. 교육적인 마인드를 배제하고 철저히 비즈니스 마인드로 뛰어드는 것이 문제다.

이런 문제를 타개하기 위해 한국유학협회는 유학원을 창립하는 데 있어서 교육자적 마인드와 함께 자격요건을 심사하여 통과한 사람에게만 자격증을 교부한 적도 있었다. 그렇지만 박리다매 유학시장에서 '유학원 자격증'은 무의미해졌다. 결국, 어떻게든 모객을 많이 하는 유학원이 '갑'인 시대가 되어버린 것이다.

시대를 따라가지 못한 20년, 30년 경력의 교육적 마인드를 가진 이 업계의 공룡들이 무너지고 있다. 신장개업 하는 음식점 같이 1년 이내 '오픈빨'로 영업하는 유학원들이 창업과 폐업 잔치를 하는 현실. 유학원 창업에 따른 자격증의 의무화를 주장하는 건 그래서다.

Chapter 3

유학가기 전 꼭 들어야 하는 20가지 독설

어학연수를 가는 것인가, 스카우트되어 해외취업 가는 것인가?

괴벨스의 『대중 선동의 심리학』을 보면 다음과 같은 이야기가 있다.

"대중은 100퍼센트 진실보다 1퍼센트 진실에 99퍼센트 거짓을 더 잘 믿는다."

요즘 유학원들은 이상하리만치 유학원 본연의 임무보다는 일자리 알선을 통해 수수료를 챙기는 일에 몰두하는 느낌이다. 아무래도 경제가 어려운 요즘 순수하게 유학자금을 내고 공부만 할 수 있는 형편을 가진 사람들이 많지 않다보니 벌어진 현상일 것이다. 이것이 잘못된 것만은 아니다.

문제는 현재 유학원들은 100퍼센트 진실보다는 몇 가지 성공케이스를 적절히 섞어 진실을 호도하며 학생들에게 근거도 없는 희망을 심어준다는 것이다. 현재 대부분의 유학원 홈페이지에서 해외취업 관련 이야기가 메인을 차지할 정도로 수요층이 많은 것. 이것이 사실이고 현실이다. 이들은 말한다. 어학연수 몇 주 마치면 해외취업이 가능하다고! 그런데 나는 그들에게 묻고 싶다. 그게 취업인가, 아니면 아르바이트인가?

 실제 해외취업과 관련되어 호주 워킹홀리데이 비자로 취업이 가능하다고 이야기하는 유학업체들이 많은데, 그것은 거짓에 가깝다. 호주 워킹홀리데이 비자로는 한 고용주 밑에서 6개월 이상 일을 하지 못한다. 6개월 이하로 일을 하는 것을 취업이라 생각하는 사람은 없을 것이다. 그건 취업이 아니라 아르바이트다.

 본인이 한국의 기업 인사담당자라고 생각해보자. 한국어 실력이 없는 외국인이 취업하겠다고 지원했다. 임금도 한국의 최저임금에 준해서 받고 싶다고 통역을 통해 말한다. 그리고 6개월 밖에는 일을 못한다고 한다. 당신은 그에게 일자리를 내줄 것인가? 이 질문이 바로 유학원이 홍보하는 해외취업을 준비하는 젊은이들에게 해주고 싶은 직언이다.

02
천재도 본인의 재능에 맞춰서 노력했기에 성공할 수 있었다

토마스 에디슨의 명언 '천재는 1퍼센트의 영감과 99퍼센트의 노력으로 이루어진다'라는 이야기에 나는 이렇게 덧붙여 말하고 싶다. 천재란 본인의 재능을 먼저 발휘한 사람이라고. 아무리 노력을 많이 한다고 하더라도 본인의 적성과 재능이 없는 일에 노력한다면 그 분야에서 천재 소리 듣지 못할 거라고.

만약 마이크 타이슨이 노래에 재능이 있다고 착각하여 날계란 깨 먹으며 잠도 안 자고 발성연습을 한다고 치자. 마이클 잭슨 같이 세계적인 가수가 될 수 있을까? 본인의 재능과 적성을 잘 파악하고 난 뒤 집중해야, 천재 소리는 못 들을지라도 성공을 거둘 수 있다. 그런데 현재 많은 학생들에게는 본인의 재능을 발견하기 위한 노력이 뒷받침되는 것 같지 않다. 시대적 인기에 편승한 직업군에 자신의 재능을 끼워 맞추기 하고 있는 것 같은 느낌이다. 그러다보니 아무리 노력해도 그 방면에 재능 있는 사람에게 밀릴 수밖에 없다.

  유학도 마찬가지다. 유학을 통해 무언가를 얻겠다는 확고한 생각으로 가는 사람들이 없어 보인다. 남들 다 가는 유학, 나만 안 가면 안 된다는 생각으로 가는 듯하다. 그런 사람이 과연 유학 가서 성공할 수 있을까? 유학도 경쟁의 연장선이다. 그 기간 동안 국내에 있는 이들은 놀고 있나? 어떻게든 스펙, 혹은 경력 하나 더 쌓기 위해 고군분투 할 것이다. 유학파는 유학파들끼리 경쟁한다. 유학이란 본인의 재능을 촉진시키기 위한 길이다. 유학을 떠나기 전에 자신의 재능을 발견하지 못했다면 유학기간 중 언어공부와 더불어 본인의 적성과 재능에 대한 고민을 진지하게 해보자. 이 또한 유학의 장점이 될 수 있을 것이다.

03
과거는 바꿀 수 없지만 미래는 내 의지로 달라질 수 있다

술만 마시면 과거에 내가 어떤 사람이었는데, 하며 무용담을 늘어놓는 사람들이 있다. 그런 사람들은 과거에 갇혀 현실을 보지 못하는 사람들이다. 실상 과거는 우리가 타임머신을 개발하지 않는 한 되돌릴 수 없다.

그렇지만 미래는 우리의 노력에 따라서, 의지에 따라서 충분히 바꿀 수 있다. '늦었다고 생각할 때가 가장 빠르다' 우리가 흔히 하는 말이지 않은가. 현재 많은 학생들이 유학을 갈 때 혹은 늦은 나이에 영어공부를 할 때 '너무 늦었어'라는 말을 한다. 나 역시 늦은 나이에 유학생활을 했기 때문에 '실패한 것 같아'라며 스스로에게 면죄부를 줬었다. 그러던 중 환갑 넘은 어르신들이 영어를 배우기 위해 스파르타 학교에 와서 공부하는 모습을 보고 내 잘못된 생각을 고쳐먹었다. 어쩌면 살아온 날보다 남은 날이 더 적게 남아 있을 분들이 20대 대학생들과 똑같이 스파르타로 공부하던 모습을 보고 나는 너무 부끄러워 고개를 들 수가 없었다. 그분들이 유학을 온 것은 죽기 전 가이드를 끼지 않고 해외 자유여행을 하고 싶다는 목표 때문이었다.(이 얼마나 확고한 목표란 말인가!)

    나이 때문에 스스로 면죄부를 주고 있지는 않나? 그 1년, 1년이 모여 진짜 늙고야 말 것이다. 과거 속에 갇혀 살지 말고 5년 후, 10년 후를 생각하며 현재를 개발하자.

공부의 기회를
놓치지 마라

영화 『나홀로 집에2』를 보면 가족들에게 속마음을 말하지 못하는 '비둘기 아주머니'에게 케빈이 다음과 같이 조언하는 내용이 나온다.

케빈: 어렸을 때 롤러스케이트가 있었는데 난 상자에 모셔두기만 했어요. 망가질까봐 겁이 나서 방안에서 두 번 정도 타기만 했죠. 그러다보니 어떻게 된 줄 알아요? 발이 커져서 들어가질 않았어요.

비둘기 아주머니: 사람의 감정은 스케이트와는 달라……

케빈: 같을 수도 있죠. 쓰지 않으면 소용없는 거잖아요. 감정을 숨겨두면 내 스케이트처럼 되고 말 거에요. 기회를 놓치지 마세요. 잃는 건 없어요.

이 대화에서 우리가 생각해봐야 될 점은 바로 인생의 기회다. 나는 인생의 기회 중 하나로 유학을 꼽는다. 실제로 많은 이들이 의외로 유학을 통해서 자신이 한 단계 업그레이드된다는 생각을 하지 않는다. 유학은 돈을 지불하고 바로 효과가 나타나는 유형의 투자가 아니다. 현재는 모르지만, 훗날 시간이 지나면 지날수록 알게 되는 무형의 투자다. 형편이 어려워 유학가지 못하는 사람도 있지만, 실제 유학 가기를 꺼리는 이유는 괜한 돈 낭비를 할 것이라는 생각 때문이다. 그렇지만 제대로 된 유학은 절대로 인생에서 낭비가 아니다. 하다못해 해외여행을 가더라도 가이드 없이 혼자서 자유여행을 즐길 수 있다는 점, 외국 나가 협상을 할 수 있는 일반 영어실력을 가진다는 것. 그것만으로도 돈 낭비가 아니다. 유학의 시기도 다 때가 있다.

　학생 신분일 때 재정적 상황이 허락한다면 본인에게 적극 투자하길. 공부의 기회를 놓치면 시간이 지날수록 후회로 남는다. 학생이 하는 일은 공부다. 맘껏 공부할 수 있는 시기는 인생을 통 털어 이때뿐이다.(학자가 아니라면 말이다.) 할 수 있을 때 공부할 기회를 잡아라. 그 기회를 누려라.

이태원 외국인이 될 것인가, 스티브 잡스가 될 것인가?

영어회화만을 위해서 유학을 가는 친구들에게 나는 이렇게 말한다. 이태원에 가서 외국인들에게 밥 사주면서 영어 배우라고.

　왜 굳이 비싼 돈 들여가면서 영어회화만을 위해 유학을 가나? 평균 유학비용은 1년에 최소 2천만 원에서 3천만 원 정도 소요된다! 그 비용을 들이면서, 더군다나 부모님의 돈으로 가는 학생들은 돈 무서운 줄 모른 채, '외국 가면 나는 이제 외국인과 영어회화 가능하다!'는 유치한 희망에 젖어 유학을 떠난다. 그리고 그렇게 생각 없이 떠난 유학은 100퍼센트 실패하고, 후회한다.

　유학은 '의미전달'의 영어를 배우려 가는 것이 아니라, '의견전달'의 영어를 배우러 가는 것이다. 많은 학생들이 유학 가서 외국인들과 대화를 수월하게 하는 것으로 영어정복을 했다며 자화자찬하지만, 그건 본인만의 착각이다. 그런 영어는 몇 천만 원 들이지 않고도 한국에서 외국인 친구 사귀기 모임 같은 곳에 가면 충분히 익힐 수 있다. 적어도 스티브 잡스 같이 사람의 마음을 흔드는 프레젠테이션을 할 수 있는 사람이 되는 것이 유학의 꿈이요, 목표가 되어야 한다.

유학까지 가서는 이태원에서 흔하게 만날 수 있는 외국인 정도의 언어 수준으로 돌아온다면, 그 사람은 유학에 실패한 것이다. 대기업에 입사하여 외국인 바이어를 상대하면서 이태원에서 만난 외국인처럼 편하게 생활 영어로 대화할 수 있나? 기업에 들어간 뒤 만나는 외국인들은 이태원에서 만나는 외국인들이 아니다. 외국인 바이어들 상대로는 비즈니스 영어 혹은 격식 있는 고급 영어를 사용해야 한다. 유학을 가는 것은 단순히 '영어 대화'를 가능하게 하는 수준이 아니라, 외국인들에게 감동을 줄 수 있는 프레젠테이션을 할 수 있는 사람이 되어 돌아와야 한다는 사실을 잊지 말아야 한다.

06
당신은 서커스의 사자가 아니다

당신은 서커스의 사자인가? 유학을 가는 학생들의 대부분이 서커스의 사자 신분으로 떠난다. 서커스의 사자는 교육된 것이 아니라 훈련된 것이다. 채찍의 두려움으로 의자 위에 앉는 방법을 터득한 것일 뿐, 혼자서는 아무것도 하지 못하는 동물이다. 그와 마찬가지로 대부분 유학을 준비하는 학생들은 본인의 의지와는 상관없이 떠밀리다시피 유학을 준비한다.

자신의 의지와는 상관없이 유학 권하는 사회 분위기에 편승하여 너도나도 떠난다. 남이 떠다 주는 것에 익숙한 우리나라 학생들의 대부분은 다른 나라 학생들에 비해 유학에 실패할 확률이 높다. 그도 그럴 것이, 타성에 젖어 그 어떤 것도 혼자서 할 수 없는 것이다!

언어는 자기주도 학습이 이뤄져야 고급과정을 수료할 수 있다. 아무리 훌륭한 선생님도 의지 없는 사람에게 해줄 수 있는 것은 한계가 있다.

  당신은 서커스 사자의 모습으로 유학 준비를 하고 있지는 않나? 사회의 채찍(시선)이 두려워, 부모님 등쌀에 못 이겨, 떠밀리다시피 유학 가는 것이라면 안 가는 것이 돈 아끼고 본인의 인생을 위해서도 현명한 선택이라고 말하고 싶다. 본인의 인생을 스스로 개척하는 사람이 되라. 조종키를 쥐는 마도로스 선장이 되어 세상과 맞서는 사람이 되기를 바란다.

07
유학은 마라톤 코스가 아니라 러닝머신 코스다

유학 가는 사람들이 흔히 하는 착각이 있다. 유학이 42.195킬로미터의 마라톤코스처럼 '끝'이 있다고 생각하는 것이다. 배움에 완전정복이란 있을 수 없다. 유난히 말 잘하는 사람, 글 잘 쓰는 사람이 있듯이 배움의 깊이에 따라 말과 글도 더 유창해진다.

그런데 대부분의 학생들이 유학가기 전 물어보는 질문이 이거다. "어느 정도 되면 영어정복 할 수 있을까요?" 이 만큼 공허한 질문이 또 없다. 그러면 한국어는 완전정복 했다는 말인가? 유학기간이 길어지면 길어질수록 학문의 깊이는 넓어진다. 슬럼프 등으로 학습효과가 떨어지는 것 때문에 '적당한' 기간의 유학을 가라고 권유하는 것이지, 더 깊은 학문을 위해서 유학기간은 길수록 좋다. 학사, 석사, 박사과정이 따로 분류가 된 것은 다른 이유가 아니다.

내가 정의하는 유학은 러닝머신과 같다. 마라톤과 같이 끝이 정해진 코스가 아니라, 본인이 목표한 것에 따라 시간을 정하고 뛰거나 혹은 목표치를 따라 달리는 것이다. 유학에 완전정복이란 있을 수 없다. 계속 정진하며 최고가 되도록 노력하는 자세만 있을 뿐이다.

08
외국대학은
한국대학이 아니다

아이비리그를 제외한 대부분의 외국대학들은 조건에 맞으면 대학입학이 가능하다. 실제로 우리나라에서는 수능시험 날이 되면 전국이 들썩인다. 서울대 진학이 결정된 사람을 제외하고는 모든 이가 수능시험을 망쳤다며, 다시 수능을 보고 싶다고 이야기를 하는 것이 바로 우리나라 교육현실이다. 그런 분위기 때문인지는 몰라도 전 세계 유일하게 편입학원이 성행하고 있으며, 외국대학 입학만 시켜준다면 천만금이라도 쥐어줄 학부모들이 전국에 넘쳐날 것이다. 그러다보니 아무런 생각 없이 외국대학 입학만 하는 학생들이 즐비하다. 국내에서 좋은 대학을 진학하지 못해 외국대학에 입학하는 현실을 비판하는 것이 아니다. 오히려 단 한 번의 시험으로 인생이 결정되는 대한민국 교육보다는 글로벌 리더가 되기 위해서라도 외국대학으로 눈을 돌리라고 조언하고 싶다.

그런데 안타깝게도 대부분의 학생들이 외국대학 입학으로 세상을 다 얻은 듯 착각하고 유학을 준비하고 있다. 한국에서는 명문대학 입학을 조건으로 모객을 하는 입시학원들이 많아 입학이 곧 졸업이라고 생각하는 학생들이 많다. 그렇지만 대부분의 외국대학을 진학한 학생들은 안다. 외국대학 입학 후 국내 입시생 수준의 공부를 하지 않으면 제때 졸업을 하지 못하는 것이 현실이며, 중도포기 학생들이 많다는 사실을. 실제 우리나라에서 가짜 외국대학 학위를 가진 사람들의 대부분이 입학은 했지만 졸업은 하지 못한 사람들이다.

외국대학 진학을 한 사람은 국내파보다 더 치열한 경쟁을 하며 글로벌 리더가 되기 위해 노력해야 한다. 그런데 대부분의 학생들은 입학하면 졸업이 보장되는 한국의 대학 시스템에 눈높이를 맞춘 채 외국대학 '입학'에만 초점을 맞춰 공부하고 있다. 보다 넓은 세상에 나가 경험할 수 있는 천금 같은 기회를 우물 안 개구리 같은 좁은 시야로 판단하고, 생각했다면 차라리 유학 가지마라!

09
학벌사회를 욕하기 전에 서울대를 가라!

'당신의 꿈은 무엇인가?'라는 질문에 답변은 바로 할 수 있어도 꿈을 이루기 위한 계획에 대해서는 제대로 말 못하는 사람이 대부분이다. 유학 가서 성공하는 사람들의 이야기에 자신을 대입시키며 준비하지만, 정작 그 사람이 얼마나 노력했는지에 대한 과정을 보지 않는 것이 유학을 준비하는 학생들의 일반적인 모습이다.

과거에는 외국에 나간다는 것만으로 많은 준비를 했지만, 현재는 아무나 갈 수 있는 것이 유학이다. 연간 수만 명이 해외 어학연수를 위해 외국으로 떠나고 있지만, 제대로 영어를 익히고 오는 경우는 드물다. 학생들 자체가 절실함이 없기 때문이다. 실제로 요즘 유학을 가는 학생들의 대부분이 스스로 하는 것 없이 유학원에 모든 것을 맡긴 채 아무런 준비를 하지 않는다. 그리고 핑계거리를 찾는다. 잘못된 유학 상담으로 인해 유학에 실패한 거라고 스스로를 위로한다.

많은 학생들이 학벌사회가 잘못되었다며 대한민국 사회에 날 선 비판을 토로한다. 나 역시 지방대를 다니면서 적지 않은 피해의식을 가지고 있었고, 그 감정은 사회를 비판하는 것으로 터져 나왔다. 그런데 우연치 않은 계기로 주말에 서울대를 방문했을 때 나의 피해의식에 대해 반성하게 됐다. 휴일의 서울대는 내가 다녔던 지방대와는 달랐다. 서울대 도서관에서는 자신의 꿈을 이루기 위해 새벽부터 많은 학생들이 공부할 자리를 얻기 위해 줄을 서서 기다리고 있었다.

최고이기 때문에 그 자리에 오른 것이 아니라, 최고가 되기 위해 노력했기 때문에 그 자리에 오를 수 있었던 것이다. 서울대는 언제든 오픈되어 있다. 유학 가기 전 한 번쯤 대한민국 최고의 엘리트가 모인다는 서울대에 가보고 자신의 마음을 점검해 보는 것도 기분 좋은 자극이 될 것이다.

술주정이 아닌 스토리텔링이 되는 경험을 하고 와라!

"너! 호주가 얼마나 좋은지 아냐? 대한민국은 이게 잘못됐어! 호주 사회는 이렇지 않아!"

내가 워킹홀리데이로 호주를 갔다 오고 난 뒤 친구들과 술을 마시면 입버릇 같이 하던 말이다. 처음에는 자신들이 경험하지 못한 호주에 대한 이야기 때문에 경청했지만, 한두 번 반복되자 친구들이 내게 말했다.

"이 자식, 술 취했다! 재워라!"

지금은 누구나 외국을 갈 수 있는 시대고, 외국을 나가는 것에 대한 경험 정도로 남들에게 자랑을 할 수 있는 시대도 아니다. 그런데 상당수의 유학생들은 외국을 나가는 것에 대한 설렘만 가지고 유학을 가는 경우가 많다.

 스펙사회에 길들여져 영어점수를 올리기 위해서만이라면 유학가는 것에 반대다. 이제는 거기에 더해 글로벌 경험을 쌓고 와야 성공적인 유학이라고 말할 수 있는 시대다. 그런데 본말이 전도되었다. 많은 학생들이 경험을 우선시 한 채 기본 목적인 언어습득을 하지 않는 것이다. 실제 글로벌 경험은 필수적으로 언어를 습득 한 뒤 추가적으로 해야 하는 것이지, 경험이 최우선이 아니다.

 자본주의 사회에서 살아가려면 본인이 투자했던 기간에 대해서 스스로 책임을 져야 한다. 사업을 하거나 전문직으로 가지 않는 한 좋은 기업에 입사하려면 영어 스펙을 만들고 글로벌 경험을 이야기 할 수 있는 사람이 되어야 한다.

11
도전의 기회는 때가 있다

 공부는 때가 있다는 말. 나이가 들수록 깨닫게 되는 말이다. 실제 취업전선에 뛰어든 사람은 학생 신분일 때 왜 공부를 하지 않았을까 후회한다. 요즘 '대체유학'으로 뜨고 있는 워킹홀리데이를 영어공부가 목적이라기보다는 돈 벌 목적으로 활용(?) 하는 경우가 많다. 워킹홀리데이는 일정 기간 영어공부를 할 수 있도록 법으로 지정되어 있지만, 공부에 올인한 사람과 일을 병행하며 학업을 하는 사람과의 학업성취도는 차이가 날 수밖에 없다.

 부모님에게 원조받기 싫어서 부담이 적은 워킹홀리데이를 간다고 하지만, 어느 정도 여유가 있는 사람은 워킹홀리데이가 답은 아니다. 워킹홀리데이는 가기 전에 어느 정도 의사전달을 할 수 있는 최소한의 영어수준이 되고 나서 열정을 가지고 도전하는 것이다. 그렇지만 안타깝게도 현재 대부분의 학생들은 영어공부가 목적임에도 불구하고, 열정만 가지고 워킹홀리데이를 떠나고 있다. 대부분 학생들은 돈 맛을 느끼는 순간 학업을 생각하지 않고 일을 먼저 생각하는 사람이 된다. 1년이라는 기간 동안 말도 잘 통하지 않는 남의 나라에서 벌면 얼마나 벌겠나. 차라리 열심히 공부를 하여 목적을 달성하고 원하는 좋은 기업에 취업을 하는 편이 낫다. 공부를 하기 보다 돈벌이가 우선인 학생들에게 우리 형이 내게 해준 직언으로 조언을 대신할까 한다.

"나는 전문대 졸업한 후에 계속 일만 했어. 그리고 사이버대학교까지 들어갔지. 사이버대학을 간 이유가 뭔지 아니? 전문대를 다닌 사람들에게 주어지는 기회란 그렇게 많지 않았어. 인터넷이나 신문에서 신입사원 평균 초봉 본 적 있지? 그 기사가 나오면 고개가 숙여졌어. 현실은 정말 냉혹해. 전문대를 졸업한 사람이 그 연봉을 받으려면……. 네가 마음만 먹으면 좋은 직장을 잡을 수도 있고, 돈도 많이 벌 수 있을 거야. 하지만 넓은 세상에서의 너를 위한 도전은 지금 아니면 할 수 없어. 네가 돈을 많이 버는 직장을 가더라도 도전이라는 것을 할 수 없을 거다. 그러니 가라. 1년 동안 네 인생을 업그레이드 하기 위해서 도전해라."

12
순간을 즐기는 사람이 아닌 과정을 즐기는 사람이 되라

"OO아, 잘 지내냐! 뭐하고 살아?"

"형! 저 지금 스카이다이빙 하러 왔어요. 정말 대박이에요. 제 인생에서 이런 경험을 할 거라고는 생각 못했네요. 영화 속에서나 볼 법한 광경인데 대박이에요!"

'내가 이런 자랑을 들으려고 전화한 것이 아닌데…….' 동생은 신이 나서 내게 자랑을 끊임없이 늘어놓았다. 국제전화 요금도 많이 나올텐데 전화를 끊을 생각을 하지 않았다. 결국 급한 일이 있다고 핑계를 대고 끊었다. 순간 부러움이 밀려왔다. 그렇게 시간이 지나고 다른 동생에게 전화를 걸었다.

"OO아! 잘 지내냐! 자식, 뭐하고 사는 거야? 왜 통 연락이 없냐?"

"형! 저 지금 유럽 애들하고 여행 왔는데 지금 애들하고 뭐 하고 있어서 나중에 연락할게요. 전화 줘서 고마워요."

멍한 기분이었다. 분명히 같은 시기에 유학 간 친구들인데 한 명은 여행에 대해서 자랑하기 바빴고, 한 친구는 같이 간 유럽친구들과 진행하는 일 때문에 전화통화를 미뤘다. 그 둘의 유학 결과는 어떻게 되었을까?

한 친구는 마침표가 되었고, 한 친구는 쉼표가 되었다. 마침표가 된 친구는 술만 마시면 스카이다이빙 할 때의 추억을 늘어놓으며 젊었을 적 추억을 주사로 만드는 사람이 되었다. 두 유학생은 똑같은 조건으로 시작했지만, 결과는 달랐다. 내게 있어 유학의 성공과 실패를 논하라면 나는 이렇게 말한다. 유학기간 동안의 추억만을 새기며 순간적인 행복을 느끼는 사람은 두 번 다시 그때의 추억과 여유를 가지지 못하며 일개미 같이 살아간다. 그렇지만 성공한 사람은 과정의 즐거움을 느끼며 당시 쌓았던 것 이상의 추억을 만들어가며 과정을 즐기며 산다. 어떤 사람이 성공적으로 유학을 마치고 온 것 같은가? 삶의 과정을 즐긴다는 것은 단순히 과거를 추억하는 것을 말하는 게 아니다. 미래를 즐길 수 있는 힘을 준다. 성공적인 유학뿐만 아니라, 그 기반으로 근사하게 살아갈 원동력이 된다. 과정을 즐기는 사람이 되라는 것은 이 때문이다.

13
자신이 보고 싶은 것만 보지 말고 현실을 봐라

"영어실력은 부족하지만 저는 뭐든지 할 수 있는 열정이 있어요."

"한 가지 질문을 할게요. 지금 학생이 한국에서 큰 레스토랑을 운영하고 있는 지배인입니다. 그런데 어느 날 한국어가 서툰 외국인이 와서 자신에게 일을 달라고 합니다. 당신은 그 외국인을 고용하겠습니까?"

"어떻게 써요. 한국어를 못하는데."

"집안 가장으로 책임감도 투철하고 열정이 넘치는데 왜 안 써요?"

"열정이 있어도 못 알아듣는 데 반쪽짜리 일꾼밖에는 안 되잖아요."

"본인 스스로 정답을 이야기하시네요. 본인이 반쪽짜리 인물인데, 왜 고용주는 학생을 써야 하나요."

내가 가장 답답해하는 경우다. 열정만으로 외국에서 일을 구할 수 있을까? 그 나라 언어를 못 하는데 어떻게 일을 할 수 있단 말인가? 설령 일을 구한다고 해도 그 사람은 반쪽짜리 직원에 불과하고, 영어를 하더라도 간단한 영어 정도를 반복적으로 쓸 뿐이다.

그런데 많은 학생들이 자신이 도전하는 분야의 성공사례를 들고 와서는 자신은 이렇게 될 거라고, 이렇게 되려면 어떻게 가야 하냐고 조언을 구한다. 물론, 목표가 있다는 것은 좋은 일이다. 그렇지만 나는 그 친구들에게 현실을 직시하라고 말한다. 그리고 입장 바꿔 본인이 고용주라면 당신 같은 사람을 고용할 수 있는가에 대해서도 생각해보라고 말한다.

현재 너무 많은 학생들이 자신이 보고 싶은 것만 보고 현실을 직시하지 못한 채 환상을 가지고 유학길에 오른다. 꿈을 가지고 있는 것은 좋다. 그렇지만 날지 못하는 닭한테 너는 날 수 있다며 벼랑 끝으로 내모는 것은 잘못된 일이다. 현실을 깨닫고, 현실성 있는 계획을 가지고 도전해라. 그 쪽이 실현 가능성이 높다.

14
새장을 떠나 세상을 품어라!

행복의 기준은 정의내릴 수 없다. 그렇지만 새장 속에 갇혀 사는 새에게 행복의 가치판단은 협소할 수밖에 없다. 유학의 첫 번째 목표는 분명 언어습득이다. 그러나 이것은 기본이다. 내가 생각할 때 더 중요한 것은 글로벌한 경험을 하고 돌아오는 것이다. 실제 국내에서도 자신의 의지가 있다면 충분히 언어를 익힐 수 있다. 그렇지만 유학을 통해 접하는 글로벌한 경험은 직접 그곳에 가지 않으면 얻지 못한다. 특히나 타성에 젖은 대한민국 교육에 길들여진 학생들에게 해외경험은 많은 것을 깨닫게 한다. 비하하는 것은 아니지만 대부분의 한국 학생들은 공부하라면 하고, 쉬라면 쉬는 타성에 길들여진 사람들이 많다. 실제 해외유학을 경험한 사람들 가운데는 과거 한국에서의 삶과는 다른 인생을 사는 사람들이 많다. 항상 타의에 의해서 삶을 살았던 것에 비해 스스로 자신의 의지에 따라서 인생을 정하는 외국인들의 모습을 보며 많은 것을 깨닫게 된 것이다.

실제 대한민국에서 신의 직장으로 손꼽히는 직업이 무엇인가? 공무원이다. 그들이 과연 그 일이 100퍼센트 순수하게 좋아서 선택한 것일까? 아니면 아무 걱정 없이 꼬박꼬박 월급 나오는 '철밥통'이기 때문에 선택한 것일까?

언어습득과 더불어 새장 속 협소한 행복에 만족하지 말고, 새장 밖을 떠나 스스로 먹이를 찾아 헤매며 세상을 품는 사람이 되는 기회를 미리 경험하는 것은 어떨까? 사소한 것에 행복을 느끼며 사는 것은 좋다. 그렇지만 새장 속에 갇혀 그 안에서의 행복만이 세상의 전부인양 구는 것은 매우 안타깝지 않나? 유학을 떠나기에 앞서 새장 속에 새로 존재하고 있지는 않은지 스스로 자문해봐야 한다.

이민, 선택해서 가는가?
퇴출되어 떠나는가?

유학 후 이민이라는 이야기를 유학원에서 상당히 많이 들었을 것이다. 유학 후 이민을 생각하는 수요층이 많기 때문에 유학원에서 대대적으로 광고하는 것이다. 그런데 필자 입장에서는 그런 현상이 안타깝기만 하다.

　대부분 이민을 준비하는 젊은이들의 모습에서 이민을 선택했다기보다는, 대한민국 사회에서 퇴출된 듯한 느낌을 받았기 때문이다. 자신이 이민을 가려는 나라에 대해서 제대로 알지도 못한 채 한국이 싫어서 이민을 선택한다는 의미다. 젊은 나이에 미리 준비하면 손쉽게 영주권을 딸 수 있다는 이야기에 꿈이 되어 버린 거다. 그렇게 준비해서 어렵게 영주권을 얻었다 한들 마냥 기쁘기만 할까?

생각해보면 대한민국 사회에서 '성공'하면 세계를 여행할 수 있는 기회가 열리는 것이 현실이다. 인간은 사회적 동물이다. 이민 간 나라의 구성원으로 역할을 다하지 않으면 불행할 수밖에 없다. 현재 영주권을 준비하고 있는 젊은이들은 영주권이 자신의 꿈을 이루기 위한 기회가 되기를 바라는 것 같은 모습이 아니라 안타깝다. 한 나라에서 오랜 기간 거주하는 것이 꿈이 되어버린 이들에게 영주권이 얼마 동안의 행복감을 선사할 수 있을까?

실제 이민도 많지만, 이민 후 역이민을 준비하는 사람들도 많다. 행복을 위해 이민을 준비했지만, 그 나라에서 섞이지 못하고 이방인이 되어버린 자신에게 실망해 아등바등 살더라도 대한민국이 좋다며 역이민을 오는 사람들 말이다.

박지성, 류현진, 추신수 선수 등 해외로 진출한 운동선수들이 행복한 것은 자신이 하는 일에 있어서 최고의 대우를 받기 때문이다. 단순히 한국을 벗어나 다른 나라에서 거주할 수 있기 때문에 행복한 것이 아니라는 점을 깨닫기 바란다. 당신은 젊다. 이민이 꿈이 아니라, 당신을 진정한 사회의 구성원으로 받아주고, 진가를 알아주는 사회의 문을 두드리는 사람이 되기를 바란다.

16
아무리 훌륭한 코치도 마이클 잭슨을 알리로 만들 수는 없다

영화 〈세 얼간이〉를 보았는가? 그 영화에서 명대사가 나온다. '무하마드 알리의 아버지가 아들보고 가수가 되라고 했다면? 마이클 잭슨 아버지가 아들더러 복서가 되라고 했다면? 그것은 재앙입니다.'라는 대사가 그것이다.

많은 학생들이 유학원들을 찾아 자신의 인생 조종대를 맡긴다. 유학원이 전문가 집단이며 학생보다 많은 정보를 가지고 있는 것은 사실이다. 그렇지만 유학원은 학생들 개인의 성향은 모른다. 그들의 재능이 무엇인지 알지 못한다. 실제 유학원 상담사들도 말한다. 요즘 학생들이 무엇을 바라고 유학을 가는지 모르겠다고. 의외로 상당히 많은 학생들이 유학을 떠밀려서 가며 본인의 꿈에 대한 생각이 없는 채로 떠난다. 스스로 남들과 다른 삶을 살겠다며 자존심을 내세우지만 실제 모습은 남들에게 보여 지기 위한 삶을 살 뿐이다. 철저히 본인이 계획한 만큼, 노력한 만큼 효과를 얻는 것이 유학이다. 유학원에서는 각 학생들의 성향과 재능까지는 알지 못한다. 최소한 유학원 가기 전 본인의 계획 정도는 세워 유학원과 상담을 하라.

유학은 제2의 인생을 만들기 위한 시금석이라는 말을 많이 한다. 그 정도로 인생에 있어 하나의 전환기가 될 수도 있는 큰 도전이다. 무조건 '남들 다 가니까 나도 간다'는 정신상태로는 돈 낭비와 시간 낭비일 뿐이다.

아무리 훌륭한 코치라 하더라도 마이클 잭슨에게 복싱을 가르쳐 무하마드 알리로 만들 수는 없다. 그와 같은 논리로 아무리 훌륭한 유학원 상담사라 할지라도 의지 없고 꿈도 없는 학생들을 최고의 자리에 앉힐 수는 없다. 유학원에 찾아가기 전 본인의 꿈에 대한 충분한 고민을 하고 자신이 유학을 가는 이유에 대해서 적어보자. 그런 다음에 그 목표를 이룰 수 있는 현실적인 방법에 대한 조언을 듣는 것이 올바른 유학 상담을 받는 학생의 자세다.

투자 없이 성공도 없다

흔히 투자라고 하면, 부동산·주식 투자만 생각한다. 그런데 정말 중요한 것은 본인을 위한 투자다. 성공하는 사람들의 대부분은 자신을 소중히 여기며 본인을 위한 투자를 아끼지 않았다는 점이다.

보통 투자라 함은 미래에 대해 진취적이고, 변화를 바라며 더 큰 것을 얻기 위해 행하는 일을 말한다. 자기 자신에 대한 투자에 인색한 사람은 성공에 한계선이 있다. 영어를 못하는 사람이 세계를 기반으로 한 사업, 혹은 일을 할 수 있을까? 최소한 영어는 기본이고, 그에 따른 자격증이나 경험, 노하우 등을 가지고 있어야 제 역할을 수행할 수 있을 것이다. 그것은 곧 자신에 대한 투자를 해야 가능하다는 이야기다.

본인은 아무런 욕심도 없고, 그저 남들 눈치 안 보며 살고자 한다면 경쟁사회에 치여 살 필요가 없으니 투자할 이유도 없다. 그렇지만 대부분은 사회의 중심이 되고 싶은 것이 청춘의 꿈 아닌가? 그렇다면 다른 사람보다 더 많은 스펙을 쌓아서 남들과의 경쟁에서 이겨야 한다. 경주마 사회는 한국에만 국한된 이야기가 아니다.

인구가 밀집되어 더 도드라져 보이는 것이지, 외국을 간다고 해서 경쟁을 피할 수는 없다. 1만 명 이상 수용이 불가한 지방 야구장과 2만 5천 명 이상 수용 가능한 잠실야구장의 수익을 생각해보라. 투자비용은 잠실야구장이 더 많이 들었겠지만, 장기적으로 봤을 때는 수익도 더 많다. 투자비용만큼 얻을 수 있는 것이 많다. 본인이 큰 사람이 될 것이라는 포부가 있다면 자신에 대한 투자를 아끼지 말아야 한다.

초등학생이 왜
대학생 책을 보며 공부하나?

우리나라 사람이 영어를 못하는 가장 큰 이유는 유교문화라는 이야기가 있다. 체면 때문에 남들 시선 신경쓰다보니, 나보다 영어 잘하는 사람들 앞에서는 영어로 말하기 주저한다는 논리다. 실제 자신의 영어실력이 초등학교 수준임에도 불구하고, 수준 높은 책을 보며 능률이 떨어지는 공부를 하는 것이 대부분의 한국인들의 영어 학습 모습이다.

　우리 모국어가 영어는 아니지 않은가. 영어를 못하는 것은 당연하다. 그렇지만 대부분의 사람들은 영어를 잘해야 한다는 강박관념 때문에 주눅 들어 영어공부를 하고 있다. 또한 계단식 영어 학습을 하기 보다는, 한 페이지도 넘기기 힘든 수준 높은 책을 보며 공부를 오래하다 보면 언젠가는 터득하게 될 것이라는 착각에 빠져 공부하고 있다.

초등학생이 대학생이나 보는 책으로 공부한다고 해서 시간이 지난다고 그 책을 마스터할 수 있을까? 중도포기 하는 것도 모자라 그나마 있던 흥미마저 잃게 된다. 모든 공부는 수준별 학습이 가장 중요하다. 남들 눈 의식하며 영어 공부하는 사람이 되지 말아야 하는 이유가 여기 있다. 실제로 영어 리스닝 공부를 위해 CNN을 교재 삼아 시청하라는 조언들을 많이 한다. 그렇지만 영어초보자들에게는 가장 한심한 영어학습법이 CNN 청취. 실제 필자 역시 CNN을 들으면서 리스닝 공부를 한 적이 있었다. 영어를 듣는 것만으로 영어공부를 한다는 자기 위안이 컸을 뿐 실제로 영어공부에 도움이 되지는 않았다. 나의 그런 모습을 한참 지켜보던 친구가 "나도 못 알아듣는 고급어휘의 CNN을 너는 알아들어서 그러고 있는 거니?"라고 말했다. 이 친구는 미국에서 대학을 나왔다.

19

당신은 유죄인가?
무죄인가?

내가 좋아하는 영화 중 하나가 〈빠삐용〉이다. 영화를 보지 않은 사람일지라도 빠삐용이 극 중 무죄를 주장하며 탈출을 꿈꾸는 내용이라는 정도는 알고 있을 것이다. 빠삐용이 비록 꿈일 지라도, 유죄를 선고하는 재판관에게 자신의 죄를 수긍할 때가 있다. 그것은 바로 인생을 낭비한 죄다.

어떤 생각이 드나? 우리들 중 과연 인생을 낭비한 죄에 대해서 당당한 사람이 얼마나 될까? 시간이 없다는 말을 많이 하지만, 정말 우리에게 시간이 없다고 말할 수 있을까? 멍하니 하늘만 쳐다보거나 쳇바퀴 돌아가는 삶에 지쳐 월급날만 기다리며 사회에 순응한 채 살고 있지 않은가?

유학을 가면 타이트하게 계획을 짜주던 중고등학교 시절과는 다르게 많은 시간이 주어진다. 그 시간을 스스로 학습하는데 쓰지 않는다면, 유학은 실패한다. 실제 교육과정은 똑같고 자신에게 주어진 자유 시간을 얼마나 효율적으로 쓰는가에 따라서 유학의 성공여부가 갈린다. 많은 학생들이 빠삐용의 삶을 살고 있다. 고된 교육현실에 지쳐 대한민국을 빠져나와 도피성유학을 선택한다. 그렇게 유학을 떠난 학생들의 대부분은 대한민국에서도 적응 못하고 본인이 유학한 지역에서도 적응 못하는 사람이 되고 만다. 지금 자기 자신에게 물어봐라. 당신은 인생을 낭비한 죄에 대해서 유죄인가, 무죄인가? 무죄라고 당당하게 이야기할 수 있는 사람만이 이 세상에 대해 말할 수 있는 자격이 있다.

기억은 기록이 아닌 해석이다

영화 〈메멘토〉를 본 적 있는가? 그 영화는 기억에 대한 새로운 해석을 제시한다. '기억은 기록이 아닌 해석이다.' 많은 이들에게 유학이라는 경험은 좋은 추억으로 자리매김 되기 마련. 그도 그럴 것이, 유학의 성공 여부를 떠나 빠듯한 일상을 벗어나 외국에 머문다는 것 자체만으로 충분히 추억이 될 수 있지 않은가? 그러다보니 유학기간 동안의 기억은 대부분 좋은 추억으로 남을 수밖에 없다.

그런데 내가 바라보는 유학생들의 추억은 젊었을 때의 한시적인 기억이다. 실제 유학생들은 바쁜 일상, 그리고 경쟁사회에 지쳐서 유학생활을 하는 것이 좋았던 경우가 대부분이다. 그러다 다시 한국사회(경쟁사회)에 오게 된다. 이력서에 쉴 틈 없이 이력과 스펙을 적어야 되는 경쟁사회로 돌아오게 된다.

그리고 유학생들은 뒤늦게 깨닫는다. 아무런 준비 없이 외국가면 글로벌 감각과 영어실력을 얻어올 것이라는 막연한 환상으로 떠난 유학기간이 돌아가고 싶은 고3 수능생활로 바뀌게 된다는 불편한 현실을 말이다. 보통 유학생활은 자신의 인생을 다시 한 번 바꿀 수 있는 기회라고 말한다.

한 번의 실수는 용납해도 두 번의 실수는 용납 못하는 것이 경쟁사회다. 지금 유학생활이 두 번의 실수로 기억되지 않도록 유학계획을 세우고 본인을 채찍질하는 사람이 되어야 한다.

2013년 11월 민주당 우상호 국회의원을 필두로 매년 반복적으로 일어나고 있는 유학사기 사건과 관련되어 여러 유학원들이 모임을 가졌다. 유학원 설립 운영에 관한 사항을 규정하여 유학원 관리, 감독을 강화하고 유학원의 건전한 발전을 도모하고자 유학법을 발의하는 것이 모임의 목적이었다. 실제 일어나고 있는 유학사기 사건은 '케이스 바이 케이스'가 아닌 비슷한 유형으로 사기사건이 이뤄지는 것에 따른 재발 방지 차원의 유학법 제정이 그 목적인 것이다. 근래 일어났던 유학원 관련 사기사건 유형은 다음과 같다.

학비 돌려막기

요즘 유학원 마케팅의 가장 큰 이슈는 최저가 선언이다. 대형 할인마트에서나 있을 법한 마케팅 방법이 유학시장에 접목되었고, 현재 너무 과열되어 재정이 넉넉치 않은 유학원들은 줄도산하고 있는 형국이다. 그리고 대부분의 유학원들은 학비 돌려막기 식으로 재정운영을 진행하고 있고, 실제로 많은 유학원들은 학교에 몇 천 만 원 이상 부채가 쌓여있는 상황인 것이 현실이다.

현재 수면 위로 드러나고 있지는 않지만, 과도한 학비할인 마케팅이 계속 될 경우 소형 유학원뿐만 아니라 대형 유학원들도 언제 줄도산할지 모른다는 관측이다. 실제 대부분의 학교들도 경제가 어려운 현 실정을 인식하여 유학원들의 학비 지연납부를 용인해주고 있는 형국이다. 그러다보니 납입되지 않는 학비로 인해 재무구조가 어려운 학교들은 부실한 유학원들과 함께 동반파산 하는 경우가 적잖이 있다.

실제 유학사기 사건으로 보도되고 있는 사건이 몇 백 만원 차원이 아닌 몇 억 원 사기사건으로 불거지는 이유는 학비 납부를 미루고 경영악화를 견디지 못한 유학원의 파산신고

탓이 크다. 한국유학협회에서 유학사기 사건으로 가장 크게 보는 유학원들의 잘못된 관행이 바로 학비 돌려막기다. 그런 측면에서 한국유학협회에서는 학비 납부를 학교에 직접 하도록 권장하고 있다.

실제로 매년 일어나고 있는 유학원 사기사건 중 '역대 급' 사건으로 기록되고 있는 사건들의 대부분이 돌려막기로 일관하다 유학원 대표가 파산신고를 하는 사건이다. 유학원은 법적 조치도 유유히 피해가고 학비를 유학원에다 송금한 사람들만 피해보는 사건이라는 것을 인지해야 된다. 사실 더 큰 문제는 이 유학사기 유형이 규모만 다를 뿐이지 매년 일어나고 있다는 점이다.

질병을 아는 데도 방치하여 말기 암이 될 때까지 놔두고 있는 실정이라고 해야 될까? 물론 2012년 6월 공정거래위원회에서 유학 및 어학연수 절차대행 표준약관을 변경했다. 7조 4항 '유학원은 학비 및 제반수수료를 반드시 고객이 직접 어학원 및 숙소에 지불할 수 있도록 안내하도록' 되어 있다. '단, 고객의 서면 동의 등 명확한 요청이 있는 경우에만 유학원이 어학원에 송금업무를 대행할 수 있다'는 규정이 수정되었다.

그렇지만 실제 전국 유학원 중 이런 조약을 제대로 알고 있는 유학원들이 과연 몇 군데나 될까? 지금 이 순간도 학생들이 언제든 피해를 입을 수 있다. 언제까지 그냥 이 문제를 방치해야 될까? 소비자들에게 주의하라고만 말할 수밖에 없는 실정이 안타깝다.

▧ 허위 과장 광고

유학원이 많이 밀집한 강남과 종로에 위치한 각각의 유학원들마다 자신들만이 해외교육청이 허가한 업체라는 것을 강조하는 문구를 볼 수 있다. 실제로 현재 유학원 창업은 심사를 받는 차원의 허가제가 아니다. 유학원 창업하는 데 사업자 등록 외에는 아무런 절차도 없다. 실제 법인이 아닌 개인사업자도 가능하다.

몇몇 업체들이 광고 문구로 사용하고 있는 캐나다 정부기관 인증, 호주 정부기관 혹은 무슨 협회 회원이라는 광고는 허위이며 과장 광고다. 실제로 정부 차원에서 한 업체에게 인허가를 내준다는 것 자체가 모순이다.

유학원이 국비로 운영되지 않는 한 국가에서 한 업체에만 인증한다는 것은 영리단체에 특혜를 주는 행위다. 정부차원에서는 유학원에 잘못된 행위에 대한 감사 기관으로서의 역할을 할 뿐이지 특정 영리단체의 나팔수 역할이 아니다. 그런 점에서 허위 과장 광고로 유학원 홍보를 하는 것은 허위 과장 광고라는 인식을 가지고 있어야 유학사기 사건에 연루되지 않는다.

필리핀 팸 투어 사기사건

2013년 일반인들에게는 생소한 유학사기 사건이 벌어졌다. 바로 '필리핀 팸 투어 사기 사건'이다. 팸 투어란 정확하고 생생한 학교정보를 고객에게 전달해주기 위해 몇몇 어학원들에서 기획하는 프로그램이다. 참가하는 유학원들에게 항공권 및 기타 용돈을 제외한 모든 것을 제공해주는 서비스다. 실질적으로 이런 팸 투어 서비스는 각 나라별 1년의 한두 차례 열린다.

그러나 이번 팸 투어 사건은 재정이 부족한 필리핀 원장이 계획한 사건으로 가뜩이나 모객이 안 되는 현재 유학시장 속 돌파구를 찾고자 하는 어학원들 그리고 유학원들의 돈을 갈취한 사건으로 기억되는 유학사기 사건이다. 실제 추정되는 피해금액은 한 업체당 78만 원의 참가비를 받았고, 약 20군데 이상 유학원과 어학원이 참가했던 것으로 추정되고 있다.

그나마 위안으로 삼을 수 있는 것으로 이 사기사건을 기획했던 필리핀 원장이 운영하는 학교가 더 큰 사기사건에 연루되기 전에 소액 사기사건으로 마무리된 것이다. 실제로 이 학교의 원장은 필리핀캠프를 모객하고 있었고, 한창 모객이 되는 와중에 한국유학협회의 공문으로 더 이상의 피해를 막을 수 있었다.

실제로 한국유학협회의 힘이 발휘되는 것은 이런 부분이다. 만약 이 사건이 전국 유학원들에 공문으로 발송되지 않았다면 방학 중 수십 명씩 모객이 되는 현 필리핀 방학캠프의 흐름 속에서 몇 억 이상의 사기사건이 발생할 수도 있는 큰 사건이 될 뻔했다.

▨ 필리핀학교 도산 사건

다른 나라 어학연수와는 다르게 필리핀학교에서 다른 것보다 중요하게 봐야 되는 것은 학교 재정상태다. 실제로 다른 원어민 국가들 같은 경우는 설령 학교가 문을 닫는 한이 있더라도 국가적으로 유학생을 보호하는 제도가 마련되어 있다. 하지만 필리핀학교의 대부분은 그런 법적인 보호 장치가 없다.

그런 점에서 필리핀 유학사기 사건이 요즘 가장 크게 대두되고 있다. 실제로 필리핀학교들은 일반인들은 잘 모르겠지만, 연간 몇 군데씩 파산하고 있다. 실제 2013년 상반기까지 학생 수 100명씩 기숙사에 거주하며 공부를 하던 학교가 파산했다. 필리핀학교가 파산한 가장 큰 이유는 이 학교가 TESDA(교육부 허가증)이 없는 학교였다는 점이다. 그러다보니 SSP발급이 되지 않는 학교였다. 결국 언제든 파산해도 이상하지 않는 불법학교였던 것이다.

실제 필리핀학교 중 SSP발급에 관해서 자유로울 수 있는 학교들은 많지 않다. 필리핀 악어(경찰)들에게 뇌물을 주며 리베이트를 하고 있다는 것은 필리핀 관계자들 사이에서는 공공연히 알려진 사실. 즉 SSP발급을 할 수 없는 학교임에도 불구하고 TESDA등록업체이며 SSP발급에 필요한 비용 지불을 요구하는 학교들이 많다는 이야기다. 실제 가격할인에 목숨 거는 필리핀학교 몇 군데는 SSP비용을 납부하지 않고 그 비용을 수익으로 챙기는 곳도 생겨나고 있다.

실제 필리핀학교에 상담하기 전 본인이 가는 필리핀학교가 필리핀교육청에 허가된 업체인지 http://www.tesda7.org/strp.php를 통해 확인하고 상담을 받아야 된다. 무조건 가격이 저렴하다는 것을 강조하는 유학원은 한 번쯤 의심하고 그들이 추천하는 학교들이 정식학교인지 혹은 재정적으로 안정적으로 운영되고 있는지 홈페이지 및 최근 학생들의 체험기를 통해 확인해야 유학사기사건에 연루되는 불상사를 막을 수 있다.

현재도 언제 터질지 모르는 뇌관을 쥐고 있는 필리핀학교들이 많이 있다. 그리고 이런 현실과는 무관하게 상담 메뉴얼을 외워가며 자신들과 커넥션이 잘 되어 있는 학교만 추천하고 있는 유학원 직원들도 여전히 많다.

2011년 어학연수 떠난 113명의 어린이들이 SSP를 발급받지 못해 필리핀에 억류된 사건이 언제든지 벌어질 수 있는 상황이라는 점을 인지해야 된다.

■ 취업이민 사기사건

2000년대 들면서 유학원들은 너나 할 것 없이 유학 상담만이 아닌 해외취업 알선 그리고 이민 알선에 뛰어들게 된다. 실제 해외취업이나 이민 관련 상담은 자격여건이 되지 않는 한 상담을 해서는 안 된다. 그러나 요즘 유학원들 간판을 보면 영주권 혹은 이민 관련 상담을 안 하는 곳이 없다. 과연 이들이 그런 자격을 가지고 있을까? 아니다. 대부분 영주권을 얻으려는 소비자들을 위해 비전문가가 잘못된 정보를 제공해주며 이윤활동을 벌이고 있다.

유학사기 사건과는 차원이 다를 정도로 이민사기 사건은 한 사람의 인생 뿐만이 아니라, 한 가족의 삶이 달린 커다란 문제다. 하지만 자신들의 돈벌이를 위해서 불법을 자행하고 있는 유학원들이 많이 있으며 사건사고가 끊이질 않고 있다.

실제로 요즘 이민 사기로 호주사회 내 공분을 사는 사건이 있다. 일명 '타타킹 유학사기 사건'이다. 사건의 전말은 다음과 같다. 타타킹은 호주 이민 및 취업정보를 제공해주는 '호주생생정보통'이라는 카페를 만들고, 유학벤치 그리고 인터레이버라는 회사를 호주와 한국에 만들어 피해자들을 끌어 모았다. 실제 호주 시민권자 신분인 동생과 한국 내 파워 블로거의 영향력을 지닌 타타킹에게 많은 이들은 무한신뢰를 보냈다. 그리고 타타킹은 점점 호주유학을 준비하는 사람들과 이민을 준비하는 사람들에게 구세주 같은 정보를 제공해주는 사람으로 인식되기 시작했다.

하지만 그것은 불법이었다. 타타킹은 "호주에 용접사, 간호사, 중장비 기술자 등 고용주 추천으로 영주권 발급이 가능한 회사에 소개시켜 주겠다."라는 제안을 하며 구직 희망자들에게 1인당 500만 원에서 많게는 8천만 원에 해당하는 금액을 받았다. 그러나 계약 당시 약속했던 회사는 타타킹과 그의 가족이 임시로 만들어낸 페이퍼 컴퍼니였다. 현재 호주현지 이민업체 관계자들이 추정하는 타타킹 관련 피해액은 10억 원이 넘는다는 이야기가 들린다.

더 큰 문제는, 이들이 아무런 반성 없이 여전히 자신도 피해자라는 식으로 이야기를 하며 도리어 피해자들에게 업무방해, 명예훼손죄를 적용시켜 고소하겠다는 협박을 하고 있다는 사실이다. 실제 호주에서 비자를 빌미로 직업을 알선해준 자와 알선 받는 자 모두 처벌을 받을 수 있다는 이민법을 악용한 것이다. 이들은 모든 이가 보는 인터넷이라는 공간에 자신들의 사기행각을 알려 다른 고객의 계약파기로 인한 간접적 손해비용 18만 불을 청구하겠다고 협박하며 비밀서약서까지 쓰도록 강요했다.

유학원은 유학수속이 본업이지 직업알선 혹은 이민알선업체가 아니라는 점을 꼭 인지해야 된다. 실제로 호주 정부는 등록된 이민 에이전트가 아니면 비자 및 이민 상담과 기타 관련 업무를 할 수 없도록 이민법으로 규정하고 있고, 불법 이민 브로커들이 이민과 관련해 금전적 이익을 취하면 10년 이하의 징역도 가능하다는 법규가 있다.

과연 이러한 법에 대해서 제대로 알고 있는 유학원들이 있는지 궁금하다. 이민 상담을 받기 전 실제 에이전트 전제 조건인 이민관련 자격을 갖춘 법무사가 있는지 먼저 파악하고 상담하는 것이 사기사건에 연루되지 않을 한 방법이다.

유학원 선정 시 반드시 고려해야 할 사항

❝ 글로벌 인재를 요구하는 현재와 같은 상황에서 유학은 선택이 아닌 필수적 고려사항이 되고 있다. 본인의 최종스펙을 완성하는 유학을 가는 데 있어 조언자 역할을 하는 유학원의 역할이 그 어느 때보다 중요해졌다. 안타깝게도 현재 유학시장은 인터넷에 잘못된 정보가 확대 재생산되며, 학생들을 혼란으로 몰아넣는다. 실제로 유학원 수는 기하급수적으로 늘어났지만, 전문적 유학지식을 가지고 있는 상담사가 없고 오로지 마케팅 전문가가 유학전문가로 탈바꿈하는 불편한 시장상황이 연속되고 있다. 이런 상황에서 유학원 선정 시 반드시 고려해야 할 사항에 대해 알아보자. ❞

인터넷 정보를 맹신하지 마라!

상당히 많은 학생들이 인터넷에서 접한 정보만을 보고 유학수속을 밟는 경우가 상당하다. 문제는 이 경우, 유학사기 사건에 연루될 가능성이 가장 높다는 것. 일단 독자들에게 묻겠다. 특급 호텔 주방장이 인터넷에 자신만이 가지고 있는 고급 레시피를 올릴까? 이런 전문가는 한가하게 인터넷에 자신만이 알고 있는 정보를 올릴 시간도 없을뿐더러, 만에 하나 그렇다 하더라도 어느 정도 일반인들에게 '오픈'해도 괜찮은 정보만 올리지 않을까? 자신만이 가지고 있는 비법은 절대로 공유하지 않는다.

유학원의 유학전문가도 마찬가지다. 절대로 홈페이지나 소셜네트워크에 자신들만이 가지고 있는 고급 유학지식을 내놓지 않는다.

알다시피 인터넷은 그 어떠한 규제 없이 정보가 공유되는 곳이다. 그런 곳에 자신만의 무기(?)를 모두와 함께 사용하자고 할 수 있을까? 유학원 홈페이지 내 모든 이가 공유할 수 있는 정보, 혹은 커뮤니티 공간에서의 정보는 초보자들이라도 충분히 습득이 가능한 정보 정도만 있을 뿐이다. 인터넷 정보는 실제 유학원들이 가지고 있는 역량의 10분의 1정도만을 노출할 뿐이다. 최소 세 군데 이상의 유학원에 내방해 상담을 받으라는 이유가 바로 이 때문이기도 하다.

파격적인 제안, 한 번쯤 의심하라!

대형마트에 가면 파격적인 혜택이라는 이야기와 함께 최저가 신고제를 통해 경쟁업체보다 더 비싸면, 2배 이상으로 보상해준다는 광고들을 많이 볼 수 있다. 이 이야기를 꺼내는 이유는 대형마트에서 판매하는 것은 그나마 같은 제품에 대한 차액 발생을 보상해준다는 광고이지만, 유학상품은 거기서 거기 같아도 각각 상품이 다르다는 것을 말하기 위해서다. 같은 제품을 저렴하게 사는 것은 좋은 일이지만, 생뚱맞은 제품이나 혹은 불법제품을 만들어놓고 파격적인 혜택이라고 하는 건 잘못되었다는 말이다.

얼마 전 교육부에서는 국내 대학에서 1년, 미국대학에서 3년간 공부하는 이른바 '1+3' 국제전형 불법 유학프로그램을 여전히 광고하는 유학원이 있다며, 학생과 학부모들의 각별한 주의를 당부했다. 실제로 교육부에서는 '1+3유학 프로그램'을 불법으로 규정해 이 프로그램에 참여하는 국내 대학에 강력한 행정조치를 내릴 계획이라고 밝힌 바 있다. 또한 유학원 광고에서 언급되었던 25개 국내 대학에 확인한 결과 참여할 계획이 없는 것으로 파악되었다며, 학생들이 허위 광고에 현혹돼 피해를 보는 일이 없도록 주의해 달라며 성명서를 통해 재차 강조한 바 있다.

그런데도 여전히 지금도 적지 않은 수의 유학원이 파격적인 제안으로 '1+3유학 프로그램'을 버젓이 판매하고 있다. 마치 자기들만이 제공할 수 있는 프로그램, 즉 독점으로 학생들에게 제공하는 유학 프로그램처럼 포장한 채 말이다. 파격적인 제안을 제시하는 유학원은 일단 한 번쯤 의심하라.

03 브랜드를 보지 말고 제품을 봐라!

잘 키운 브랜드 하나 열 기업 부럽지 않다는 말이 있듯이 브랜드 파워는 현대사회에서 매우 중요하다. 그런데 개념이 잘못 해석되는 경우가 있다. 유학원이 관련되면 그렇다. 여러 가지 혜택으로 말할 것 같으면야 분명히 브랜드 가치를 가진 유학원들이 좋다. 그러나 브랜드 가치가 유학지식을 가지고 있는 사람의 가치라고 말할 수는 없다.

이를 테면, IT제품으로 유명한 업체의 제품이라 하더라도 이미 몇 년 전에 출시한 제품이라면, 중소기업의 신제품과 비교대상이 될 수 있을까? 실제로 많은 이들이 '이 브랜드라면 믿을 수 있어'라는 생각으로 유학원을 선정하지만, 그것은 잘못되었다. 유학원을 선정할 때 중요하게 봐야 되는 것은 유학원 내 유학전문가들, 즉 학생의 유학플랜을 케어해줄 유학상담사들이다.

  외형만 보지 말고, 꼼꼼히 안을 살피자. 인생을 맡길 수 있는 책임감 있고 신뢰 가는 유학원을 선정해야 유학사기 사건에 연루되지 않는다는 점을 명심하라.

저렴한 학비만 강조하는 유학원을 조심하라!

유학사기 사건 가운데 가장 큰 비중을 차지하는 것은 유학원이 학생이 납부한 학비를 '먹튀' 하는 사건이다. 대체로 어학연수를 준비하는 학생들에게 가장 큰 관심사는 얼마나 저렴하게 유학을 갈 수 있는가 여부다. 안타깝게도, 학생들이 저렴한 학비에 현혹되어 사기사건에 연루되는 경우가 많다.

앞서 여러 차례 언급했지만, 학비 관련 사기사건에 연루되지 않기 위해서는 학비를 학교에 입금하는 것이 가장 안전하다. 물론, 이런 경우도 사기사건에 연루되는 경우가 있어 주의가 필요하다.

학비 관련 유학사기 사건에 대한 전말은 이렇다. 가격최저가를 선언하며 학비도 학교에 지급하라고 홈페이지 상에 버젓이 올려놓은 업체가 있었다. 실제로는 자신의 유학원과 거래하는 한두 개 현지 어학원을 제외하고 다른 어학원은 그저 보여주기 용으로 나열된 것이 대부분이었다. 그렇지만 학생들은 학비를 학교에 입금하라는 홈페이지 내용만 보고 그 유학원을 신뢰하게 되었다. 실제로, 해당 학생은 학비를 학교에 직접 지불해서 안심하고 있었다. 그렇지 않겠는가? 문제는 그 후에 생각지도 못했던 곳에서 발생했다. 그 유학원은 박리다매 판매방식에 실패하며 파산하게 되었는데, 그 학생은 학교에 남은 어학연수 비용을 지불하라는 청천벽력 같은 이야기를 들었던 것이다!

실제로 유학시장에서 비일비재하게 일어나는 일이다. 현재 유학시장 경기가 좋지 않다는 것을 이미 다른 나라 어학교에서도 알고 있기 때문에 학비 완납 대신 분납을 유학원들에게 용인해주기도 한다. 아무래도 '갑(유학원) - 을(학교)' 관계다 보니 학비 납부를 지연하는 유학원이라고 할지라도 큰 소리를 낼 수 없는 유학시장의 관행이 빚어낸 촌극이다. 학비 납부 지연에 관해 유학원에 강하게 항의한 어학교가 인터넷에 익명으로 올라온 악평 때문에 사정이 어려워졌다는 이야기도 심심찮게 들린다. 무조건 저렴한 학비만 강조하며 박리다매 판매방식을 취하는 유학원은 의심의 눈초리로 살펴라.

한두 가지가 아닌, 여러 다양한 방향 제시를 하는 유학원을 찾을 것!

한국에서 평범했던 사람들이 유학 가서 성공하는 케이스를 우리는 심심찮게 본다. 실제로 수능시험으로 정육등급 나뉘듯, 거기에 맞춰 입학할 수 있는 대학의 등급 때문에 평생 주홍글씨를 가지고 살아야 하는 대한민국보다, 본인 노력에 따라 인생의 전환점으로 삼을 수 있는 기회가 열린 것이 바로 해외유학이다.

요즘 유학이 대형마트 기획상품처럼 프로그램화 되어 판매되고 있다. 나는 염려스럽다. 다른 업종, 직무들처럼 전문지식을 요하는 것이 바로 유학시장이다.(나중에는 제품 홍보에 이용하듯 연예인들이 유학원 홍보대사로 임명되는 상황까지 벌어지지 않을까 걱정스럽다.) 현재 유학원들은 학생에게 선택과 기회의 폭을 넓힐 수 있는 여러 다양한 대안을 제시한다기보다, 학생들보고 맞추라는 식의 유학 프로그램만 만들고 있다. 그것은 명백히 잘못된 일이며, 실제로 그런 상품만 만드는 곳은 학생들에게 다양한 방향을 제시할 수 있는 유학전문가도 없다.

유학원의 의무는 유학을 가려는 학생들에게 정확하고 폭 넓은 정보와 질 좋은 서비스를 제공해야 한다. 실제로 제대로 된 유학원들은 정확한 정보 취득 및 현지 경험을 통해 각국의 협회, 학교, 정부의 협조를 얻어 정기적으로 유학상담사들을 해외로 파견하여 현장 실습 및 교육을 하고 있다. 또한 한국유학협회의 공조 하에 뉴스레터 및 인터넷을 통해서 회원사 동정과 유학정보 등을 제공받고 있다.

유학원 선정에 있어서 중요한 점은 상담사가 얼마나 유학 관련 전문지식을 가지고 있는가이다. '오늘 점심은 뭘로 때울까'와 같은 고민이 아니다. 자신의 인생을 업그레이드시킬 수 있는 기회를 좌우할지도 모를 유학원 선정! 어지간히 까다롭고 신중해도 된다. 그래야 한다.

각 나라별 유학
필수 Q&A정보

필리핀유학 Q&A

◆ 1 대 1수업이 많은 학교와 그룹수업이 많은 학교 중 어디를 선택해야 하나요?

필리핀어학연수의 장점은 1 대 1수업이다. 다른 나라 어학연수와는 다르게 이 방식의 수업은 필리핀 어학연수만이 가질 수 있는 장점. 그렇지만 필리핀 학교를 선택할 때 1 대 1수업이 많다는 것만 강조하는 학교는 절대로 가서는 안 된다. 필리핀 학교도 철저히 강사진의 우수성을 보고 선택해야 되기 때문이다.

실제로 1 대 1수업은 영어말하기 능력을 가진 필리핀 대학생을 임시직으로 아무나 고용하면 된다. 그러나 그룹수업을 가르칠 수 있는 카리스마와 티칭 스킬을 가지고 있는 강사들은 정규직이며, 임금도 보통 비정규직 강사에 비해 두 배 이상을 받는다. 실제 좋은 어학원과 그렇지 않은 어학원을 가르는 결정적인 차이는 그룹수업을 가르칠 수 있는 메인 급 강사를 많이 보유했는가, 안했는가로 나뉜다.

 1 대 1수업을 통해서 말하기 능력 향상이 최적의 효과를 얻는 것은 한 달 이내다. 원어민이 아닌 이상 너무 많은 1 대 1수업은 큰 도움이 되지 않기 때문이다. 하루 네 시간 이상 일주일이면 20시간, 한 달 기준 100시간 남 짓, 12주 기준이면 약 300시간 정도의 1 대 1수업을 한다고 해보자.(주5일 기준이다.) 대부분의 필리핀어학연수를 준비하는 사람들의 영어실력은 외국인을 만나면 'HI! HELLO! NICE MEET YOU' 정도의 영어표현도 바로 나오지 않는 영어 '왕초보'에 불과한 사람들이 대부분이다. 그들이 얼마나 많은 영어표현을 쓰면서 1 대 1수업에 참여할 수 있을까? 없다.

 1 대 1수업은 처음 한 달 정도, 입에서 영어를 내뱉는 것을 두려워하지 않을 정도의 연습으로 좋을 뿐이다. 그렇지만 한 달 이후가 되면서는 이 수업 방식으로는 더 이상 할 이야기가 없다. 신변잡기 식의 이야기만 하다 수업이 산으로 가는 경우가 많다. 그리고 더 큰 문제는 1 대 1수업을 많이 하게 되면, 본인의 영어실력을 검증할 수가 없다는 점이다. 그룹수업 같은 경우는 본인과 비슷한 영어실력을 가진 사람들과 수업을 하며 다른 사람의 영어표현을 배우고, 자

신의 영어실력이 부족함을 깨닫기도 한다. 그렇지만 그룹수업보다 1 대 1수업을 많이 듣는 학생들은 착각에 빠진다. 1 대 1수업 선생님이 자신과 영어회화 소통이 된다는 것을 본인의 영어실력 향상 때문이라고 여기는 것이다. 착각이다. 필리핀 강사들이 1 대 1수업 중 학생의 표정과 발음에 익숙해져 대화가 이어질 뿐이다.

한 사람의 영어발음만 알아듣는 것이 영어실력이 아니다. 사람마다 특유의 악센트와 발음을 가지고 있다. 우리나라 사람이 한국어 발음이 이상하다고, 악센트가 이상하다고 못 알아듣는 사람 없듯이 모든 영어발음과 악센트를 알아들을 수 있어야 그것이 진정한 본인의 영어실력이다. 1 대 1수업이 많고 적음으로 학교 선택을 하지 말고 그룹수업을 가르칠 수 있는 강사의 유무로 학교를 선택해야 된다.

◆ 사설학교가 좋나요? 대학부설이 좋나요?

필리핀어학연수가 다른 나라 어학연수와 다른 점이 있다면 대부분의 대학부설이 실제적으로 대학부설이 아니라는 사실이다. 무슨 말이냐면 미국, 영국, 호주, 캐나다 등의 대학부설은 우리나라 대학부설인 연세어학당, 이화어학당 느낌처럼 대학에서 운영하는 어학원이다. 그렇지만 필리핀대학부설은 필리핀의 대학이 운영하는 곳이 아니라, 필리핀 사립학교가 필리핀의 대학들에 지원금을 주고 대학부설 간판을 '사는' 경우다.

　이러한 현상이 벌어진 이유는 현재 국내 대학들이 국제화 지수를 높이기 위해 교환학생 프로그램을 운영하고 있으며 대학부설이 아닌 이상 국내대학과 MOU를 체결할 수 없는 실정이기 때문에 울며 겨자 먹기 식으로 대학부설 간판을 달기 위해 필리핀의 대학에 지원하는 곳이 생기게 되었다. 사정이 이러하니 대학부설이기 때문에 커리큘럼이 사설학교에 비해서 좋다고 하는 선입견은 버리는 것이 좋다. 대학부설이기 때문에 커리큘럼이 좋은 것이 아니다. 학교의 자체적인 커리큘럼을 봐야 된다.

　필리핀 학교 내 대학간판은 허울에 불과하다. 대학부설인가, 사설학교인가로 선택하는 것이 아니라 자체적으로 운영되는 커리큘럼을 선택하는 것이 올바른 필리핀학교 선택법이다.

◈ **필리핀어학연수 어느 곳으로 가는 것이 가장 좋나요?**

최근의 추세는 학생들의 대부분이 세부와 바기오 지역으로 양분되어 가는 분위기다. 그렇지만 앞에 언급한 두 지역만이 아닌 각자의 성향에 맞게 갈 수 있는 어학연수 지역이 많다. 필리핀 각 지역에 대한 특성을 알아보고 본인에게 맞는 어학연수 지역을 선택한 뒤 학교를 선택하도록 하자.

★ **마닐라**: 필리핀의 수도로, 필리핀 강사의 임금이 가장 높은 지역. 필리핀어학연수의 가장 큰 문제점으로 지적되는 강사의 발음문제가 거의 없는 지역이라고 보면 된다. 그렇지만 사건사고가 많은 지역으로 인식되어 몇몇 학교를 제외하고 파산하는 학교들이 많이 생기고 있다. 필리핀 강사의 임금이 높은 만큼 발음 좋고 실력 좋은 선생님들이 많이 분포되어 있는 지역.

★ **세부**: 명실상부 필리핀어학연수의 메카로 불리는 지역이다. 평일에는 공부를, 주말에는 도심에서 차를 타고 서너 시간 정도 달리면 세계적인 해변을 볼 수 있기에 많은 학생들이 선택하는 곳. 그렇지만 현재 많은 사람들이 세부로 몰리고 있어 예전 마닐라와 같이 사건사고가 많이 나는 지역으로 분류되기도 한다.

★ **바기오**: 마닐라에서 차로 네다섯 시간 떨어진 산악에 위치한 도시. 필리핀에서 유일하게 딸기가 재배되는 지역으로 여름옷보다는 가을옷을 들고 가야 할 정도로 평균기온이 낮다. 지역 자체적으로 유흥지가 없는 곳으로 스파르타 교육의 원조가 되는 지역이 바기오다.

★ **다바오**: 이슬람교도들이 많이 살던 곳으로 종교분쟁지역으로 유명한 지역이다. 실제로 다바오 시내를 제외한 민다나오 지역 내 종교분쟁으로 인해 많은 필리핀인들이 사망한 사건으로 유명하다. 그렇지만 다바오 시내는 그 어떤 도시보다 안전한 지역으로 유명하며 가장 저렴한 생활비를 자랑해 요새 '뜨는' 필리핀어학연수 지역이다. (직항이 없어 국내선을 한 번 더 타야 되는 지역)

★ **클락, 수빅**: 클락과 수빅은 필리핀 경제특구지역으로 안전성을 중요시하는 사람들이 많이 선호하는 지역이다. 이 지역은 통행증이 없으면 필리핀인들의 출입이 제한되는 지역으로 필리핀 내 가장 안전한 지역으로 손꼽히는 곳. 마음 편하게 조깅을 할 수 있는 지역으로도 유명하다.

★ **일로일로, 바콜로드**: 우리나라 일산, 분당 신도시 느낌이 나는 계획 도시 같은 지역이다. 필리핀 로컬분위기와 안정성이 함께 겸비되어 있는 지역으로 요새 많은 학생들이 찾는 지역이다. (직항이 없어 국내선을 한 번 더 타야 되는 지역)

★ **팔라완**: 팔라완에는 학교가 딱 하나밖에 없다. 그렇지만 안타깝게도 유학사기사건에 연루되어 현재는 폐업에 들어간 상태다. (2013년 7월 이후)

◆ 원어민 없는 학교는 좋은 학교가 아닌가요?

필리핀에서 원어민 강사가 있느냐, 없느냐를 기준으로 좋은 학교, 나쁜 학교로 나누는 것은 잘못된 생각이다. 실제 필리핀 학교에서 원어민 수업은 출석률 100퍼센트에 가장 큰 걸림돌이 될 정도로 인기 없는 수업이다. 물론 전통 있는 어학원들 같은 경우는 원어민 강사 역시 상당한 티칭스킬을 가지고 있다. 그렇지만 대부분의 경우는 구색 맞추기 식으로 원어민 강사를 고용하는 경우다. 원어민 수업이 있다는 것을 셀링포인트로 삼는 경우가 대부분이고, 거의 대부분 이들은 티칭스킬이 없다고 해도 과언이 아니다.

그러다보니 원어민이 가르치는 수업은 학생이 수강신청하지 않아 폐강되는 경우가 많다. 원어민 수업이 있느냐, 없느냐로 그 학교를 평가하기 보다는 내실 있는 커리큘럼을 보고 학교선택을 하는 것이 좋다. 실제 유학박람회에 한국인 직원이 학교설명을 하면 아무도 관심을 갖지 않는다. 그런데 소재(?)가 불분명한 백인이 학교설명을 하면 많은 이들이 몰린다. 풍문으로는 한국에 거주하는 백인에게 일당 20만 원을 주고 학교의 셀링포인트를 암기하게 한 뒤 판매를 하는 비양심적인 업체들이 있다는 이야기도 들린다. 실제로 유학박람회를 가더라도 백인이 테이블에 앉아 있는 곳에는 사람이 넘치지만 동양인들만 있는 곳은 한산하다. 백인들에게 우호적인 대한민국

사회분위기로 인해 원어민을 구색 맞추기로 고용하는 필리핀학교의 현실이 안타깝다.

◆ 오래된 학교와 신생학교 중 어느 곳을 선택해야 되나요?

필리핀학교는 다른 나라 학교와 달리 갑자기 파산하는 경우가 많다. 실제로 1년에도 몇 학교들이 소리 소문 없이 파산하는 경우가 많고, 많은 학생들이 그로 인해 많은 피해를 보고 있다. 근방 어학원에서 망한 어학원들의 학생들을 수용하는 경우로 문제해결을 하지만, 학교가 망해 다른 학교로 전학을 가는 학생들의 정신적 피해는 어디에서도 보상받지 못한다. 그러기에 필리핀학교는 철저히 내실 있는 경영을 하고 있는지의 여부를 반드시 파악해야 한다. 실제 필리핀학교 선정에 있어서 중요하게 보는 것으로 필리핀학교 설립일자가 있다. 10년 정도 운영이 된 곳은 그만큼 많은 학생들에게 만족감을 주었기 때문에 꾸준한 모객이 가능한 것이다. 그러나 오래된 학교는 시설이 낙후하고 매너리즘에 빠져 커리큘럼을 요즘 트렌드에 맞게 바꾸지 못하는 경우가 많다.

이와 반대로 신생 학교는 깨끗한 시설과 함께 좋은 강사를 스카우트해서 질 좋은 교육환경을 제공한다. 그렇지만 경영노하우가 부족해, 고급재료를 가지고 실력이 부족해 3류 음식을 만드는 경우와 같은 일이 종종 발생하곤 한다. 그렇지만 오래된 어학교가 변화를 두려워하는 것과는 달리, 신생 학교는 빠른 트렌드에 맞는 커리큘럼을 만든다.

오래된 학교와 신생학교, 어느 곳을 선택하든지 간에 주의해야 될 점은 꼭 현지에서 공부한 학생들의 최신 체험기를 살펴야 한다는 것이다. 몇몇 학교는 홈페이지 상에 나와 있는 대로 커리큘럼이 진행되지 않는 경우가 많기 때문이다.

오래된 학교와 신생학교 중 무작정 어느 곳에 더 점수를 주기보다는, 필리핀어학연수가 대세라는 생각으로 획일화된 커리큘럼을 가진 학교는 피해라. 그 학교만의 장점을 가진 곳, 경영노하우를 통해 자체 교재까지 만들 정도로 연구하고 교육하는 학교를 선택하는 것이 후회 없는 선택이다.

◆ **대형학교와 소형학교 선택, 어떤 것이 좋나요?**

필리핀은 다른 나라 어학연수와 다르게 사설학교와 대학부설로 나뉘는 것이 아니라 대형, 소형, 스파르타, 세미스파르타, 클래식 학교로 나뉜다. 그 중에서 대형학교와 소형학교는 어떤 장단점이 존재할까?

　대형학교 같은 경우는 주로 세부 지역 내에 많이 분포하고 있으며, 평균 200명 이상의 학생을 수용할 수 있는 시설과 기숙사를 보유한 학교다. 반면에 소형학교는 가족적으로 운영되며 50명 이내 학생을 수용할 수 있는 학교를 말한다.

　대형학교는 많은 학생 수에 비례한 커리큘럼과 강사들을 보유하고 있다. 그러나 대형학교의 단점은 성수기일 때 비정규직 강사를 충원하는 식으로 수업이 진행되기 때문에 강사의 수준이 떨어지는 경우가 많이 있다는 것. 먼저 대형학교를 선택한 학생들이 성공하는 필리핀연수 방법으로 '좋은 강사를 만나라'라고 이야기하는 것이 괜히 나온 이야기가 아니다. 반면, 소형학교는 성수기, 비성수기 개념으로 강사를 임시적으로 고용하는 식으로 운영되지는 않는다. 그러다보니 강사의 수준이 대형학교에 비해 평균적으로 높은 편이다. 그렇지만 학생 수가 많지 않아 다양한 커리큘럼이 운영되지 않는다.

　대형학교는 시험점수(IELTS, TESOL, TOEIC, TOFEL)등의 고급 커리큘럼 과정이 있는 반면, 소형학교는 일반영어 위주로 운영된다. 어떤 학교든 장단점이 존재한다. 그 장단점을 잘 판단하고 자신의 목표에 맞는 학교로 선정해야 될 것이다.

◆ 학교 기숙사 이용하지 않고 집 렌트하는 것은 어떤가요?

어학연수 초창기 필리핀학교는 기숙사 일체형이 아니었다. 그런데 많은 학생들의 일탈이 반복되면서 기숙사 일체형으로 바뀌기 시작했다. 또한 한국학생들에게 있어서 어느 정도의 통제는 공부에 도움이 된다는 암묵적인 사회적 분위기가 조성되자 학교들은 너나 할 것 없이 기숙사를 고급스럽게 짓기 시작했다. 그리고 커리큘럼보다는 기숙사 시설의 고급화를 통해 모객을 하는 학교들이 생겨났다. 현재 필리핀학교들은 수영장은 기본이고 리조트 형으로 학교 내 모든 시설을 즐길 수 있도록 리모델링하고 있다.

또한 대부분의 학교에서는 학교수업만 듣고 기숙사를 이용하지 않는 학생은 다른 학생들의 면학 분위기(?)를 깨뜨릴 수 있다는 이유로 입학신청을 받지 않고 있다. 예전처럼 집 렌트를 하면 돈을 아낄 수 있다는 이야기도 지금 실정에는 맞지 않는다. 워낙 많은 한국인들이 렌트를 해서 가격이 많이 올라갔고, 실제로 숙식과 세탁, 청소를 다 해주는 기숙사 시스템을 볼 때 차라리 기숙사가 경제적인 소비가 될 수 있다.

물론 기숙사 생활을 하다 보니 구속이 존재한다. 그렇지만 평균 12주 정도의 기간 동안 본인의 꿈을 위해 고3생활로 돌아가는 것이 그렇게 못 참을 일일까? 묵을 집을 렌트하고, 개인교사를 고용할거면 왜 굳이 필리핀에 가서 영어공부를 하나? 편하게 한국, 따뜻한 자기 집에서 1 대 1 원어민과외를 하는 것이 더 낫지. 본인이 왜 필리핀어학연수를 가는지에 대해서 생각해봐야 할 것이다.

◆ 필리핀어학연수 6개월 이상은 추천하지 않나요?

평균적으로 필리핀어학연수를 가는 학생들은 12주가 대부분이었다. 그런데 현재는 12주가 기본이고 몇몇 학생은 24주 이상 필리핀학교에서 공부하는 학생들이 늘어나고 있는 추세다. 상대적으로 필리핀어학연수가 원어민이 가르치는 다른 나라의 어학연수에 비해 저렴하다는 점 무시할 수 없지만, 필리핀학교 관계자들조차 24주 이상의 필리핀어학연수는 권하지 않고 있다.

실제로 필리핀학교 홈페이지 내 24주 이상의 학비가 안내되어 있는 곳도 없다. 학교 관계자 역시 24주 이상의 학교등록을 반기지 않는다. 6개월 이상 등록한 학생을 받아줄 커리큘럼이 없는 것도 이유이지만, 더 중요한 것은 6개월 이상부터는 필리핀연수가 영어향상에 크게 도움이 되지 못하기 때문이다.

통상적으로 필리핀어학연수는 집중형 영어학습법이다. 다른 나라 어학연수와 다르게 하루 공부하는 양이 현저하게 많으며, 1 대 1영어학습을 통해서 영어말하기의 두려움을 없애는 데 일조하는 것이 필리핀어학연수의 장점이다. 실제로 필리핀연수를 12주 이내로 하는 학생들의 만족도는 80퍼센트 이상이 될 정도로 크다. 그렇지만 부족하다 생각해 연장한 학생들의 대부분은 장기간 연장한 것을 후회한다.

 가장 큰 이유는 자신과 맞는 수준의 학생이 없다는 것. 그룹수업 내 자신보다 높은 실력을 가진 학생이 없으면 간접적으로 영어를 공부할 기회도 없다. 1 대 1수업을 통해 말하기 연습을 할 수 있다며 필리핀어학연수의 장점을 자위하지만, 필리핀의 모국어는 영어가 아니라 따갈로어다. 대한민국에서 영어실력이 없어도 먹고 사는 데 지장 없듯이 필리핀도 영어실력이 없어도 사는 데 지장이 없다. 또한 실제 많은 학생들이 착각하는 것 중의 하나가 필리핀 사람은 모두 다 영어를 잘한다는 것이다. 영어실력이 좋은 것은 고등교육을 받은 사람뿐이다.

 6개월 이상 어학연수를 하는 학생들은 학습을 통해서 배우면서, 실생활에서도 영어를 접해야 학습이 배가된다. 필리핀학교 홈페이지 내 24주 이상 학비가 나와 있지 않는 이유는 필리핀어학연수의 한계성 때문이다.

◆ 필리핀 조기캠프는 유용한가요?

여름방학, 겨울방학을 맞이해 많은 초·중학생이 해외캠프를 가고 있다. 상대적으로 해외캠프의 수가 나날이 늘어나고 있고 그에 따른 문제점도 많이 대두되고 있다. 그 중에서도 필리핀 조기캠프에 관한 불평불만 사항이 속출하고 있다. 다른 나라 조기캠프에 비해서 상대적으로 적은 비용으로 최대의 효과를 낼 수 있다는 필리핀 캠프 광고에 현혹된 학부모들은 돈도 버리고 어린 자식에게 깊은 내면의 상처를 준 것에 대해 어디에도 하소연하지 못하고 있다. 저렴해서 필리핀에 갔기 때문에 조기캠프가 잘못되었다는 인식으로 필리핀유학 전체를 불신하기도 한다. 그렇지만 그것은 대단히 잘못된 생각이다.

어느 나라 유학이든지 간에 중요하게 봐야 될 점은 주관한 업체가 얼마나 그 분야 전문가인지이다. 대부분의 조기캠프는 시류에 맞춰서 수요에 따라 속성으로 만들어낸 조기캠프가 대부분. 교육적 마인드보다는 한몫 단단히 잡을 생각의 비즈니스맨이 뛰어드는 것이 요즘 필리핀캠프의 문제점이다. 필리핀이기 때문에 문제점이 있는 것이 아니라, 필리핀캠프를 주관하는 업체의 잘못이라는 말이다.

필리핀 조기캠프를 잘 고르는 방법은 얼마나 오랜 노하우를 가지고 캠프진행을 했는지의 여부와 다른 캠프와는 다른 자신의 학교만의 장점을 내세우는가다. 마치 Ctrl+C, Ctrl+V식의 커리큘럼을 가진 캠프는 당연히 교육적인 마인드를 가진 사람이 운영하는 캠프라고 할 수 없다. 필리핀캠프는 다른 나라 캠프에 비해 어린 아이들에게 영어의 자신감을 심어주고 영어는 딱딱한 공부가 아니라고 가르친다. 선진국 캠프를 가면 여러 선진문명을 받아들이는 장점이 있지만, 영어의 자신감을 높여주는 역할을 하는 것이 필리핀캠프만이 가질 수 있는 장점이다. 필리핀캠프이기 때문에 잘못된 것이 아니라, 잘못된 필리핀캠프를 권장하는 곳이 잘못이라는 것을 기억하기 바란다.

◆ 필리핀 한 달 용돈은 어느 정도로 봐야 되나요?

필리핀연수가 대세가 된 이유는 여러 가지가 있겠지만, 가장 큰 이유는 저렴한 연수비용 때문이다. 그렇지만 연수비용을 지원해주는 부모들은 필리핀연수가 저렴하다는 점에서 설왕설래하고 있다. 그 이유는 요새 필리핀 물가가 비싸졌다는 이유를 핑계로 학생들이 부모에게 과도한 생활비를 요구하는 경우가 있어서다. 부모 입장에서는 자식들 말만 믿고 고액의 생활비 송금을 할 수밖에 없다. 그런데 실제 필리핀어학연수를 경험한 사람이 생각하는 이상적인 한 달 용돈은 1만 페소(30만 원 이내)내외다. 물론 스쿠버다이빙 같은 고가의 비용이 들어가는 해양스포츠를 하지 않는다는 전제가 따르지만, 그래도 1만 페소는 굉장히 큰돈이다. 한국사람 기준으로 볼 때 성인이 한 달 용돈 30만원도 안 되는 돈이라면 적은 거 아니냐고 반문할 수 있겠지만, 필리핀 강사들의 평균 월급이 1만 페소가 넘지 않는다면 그 금액이 필리핀에서 얼마나 큰 금액인지 감안할 수 있을 것이다.

실제 필리핀학교에서는 외출을 하지 않으면 의식주를 다 책임진다. 필자가 필리핀학교에 있을 당시 한 달 용돈 5만 원으로 사는 학생들도 봤다. 물론 필리핀연수를 가는 데 외부활동(여행)을 자제한 채 학교와 기숙사에서만 있는 것은 추천하지 않는다.

그렇지만 여행과 해양스포츠를 제외한 허튼 짓(?)을 경험이라는 이름으로 덮고 돈을 쓰는 것은 잘못이다. 실제 필리핀어학연수의 성공과 실패를 나누는 기준을 밤 문화에 빠지지 않는 것으로 보는 경우도 있다.

어디든 마찬가지지만, 필리핀어학연수를 갈 때 절대로 있어야 할 것은 '의지'다. 한 달 생활비를 1만 페소 이내로 쓰도록 스스로를 제어할 수 있는 의지 말이다. 유흥에 빠져 영어정복도 못하고 성격도 버리고 온다는 필리핀연수의 부작용은 철저히 한 달 생활비 컨트롤을 못해 벌어진 경우라는 것을 기억해야 한다.

02 호주유학 Q&A

◆ **호주 비자의 종류와 특성을 알려주세요.**

호주비자는 관광비자, 학생비자, 워킹홀리데이 비자로 나뉜다. 많은 학생들이 호주 관광비자를 무비자로 착각하고 발급받지 않아 입국 거절되는 경우가 있다. 호주 입국할 때는 본인 상황에 맞는 비자를 반드시 발급받고 입국해야 된다.

호주 관광비자는 http://www.eta.immi.gov.au/를 통해 신청할 수 있고, 비자신청 비용은 20호주달러. 다른 비자와 달리 관광비자는 기다릴 필요 없이 돈을 지불하면 바로 나온다. 결제는 신용카드로만 가능하다. 처음 관광비자는 12주이며, 추후 비자연장을 통해 최대 1년까지도 연장이 가능하다.

호주 학생비자는 본인이 학업을 신청한 기간+1개월에서 3개월까지의 비자기간이 나온다. 학생비자는 학생 신분으로 호주에 머무는 학생에게 부여되는 비자이기 때문에 어학원 수업 출석률이 80퍼센트 이상이 되지 않는 경우 강제추방 사유가 된다. 또한 호주 학생비자는 합법적으로 주 20시간의 일(아르바이트)이 가능하다.

학생비자 발급 절차는 학교등록 → 입학허가서발급 → 학비납부 → E-COE발급 → 유학생보험 OSHC 가입 → 학생비자 온라인 신청 → 신체검사 → 승인과정을 거친다. 현재는 호주 내 관광비자 혹은 워킹홀리데이 비자로 가서 학생비자로의 전환이 가능하다. 학생비자 신청비용은 535호주달러이며 신체검사는 15만 원이다.

호주 워킹홀리데이 비자는 다른 나라 워킹홀리데이 비자와는 다르게 온라인으로 신청하며 선발인원의 제한이 없다. 워킹비자는 호주 외부에 체류하고 있는 신체 건강한 한국국적을 가진 사람이라면 누구나 신청이 가능하다. 비자 신청비용은 420호주달러이며 17주 기간 동안 영어공부와 함께 한 고용주 밑에서 6개월 이내로 일을 할 수 있다. 또한 호주 내 특정지역에서 3개월 이상 일한 사람은 1년 워킹비자를 더 발급받을 수 있다. 세컨드홀리데이 비자가 가능한 직종으로는 농작물 재배, 목축업, 어업 등이다. 세컨드비자 유효기간은 첫 번째 비자만료기간에서 최대 1년이다. 워킹홀리데이 비자 승인은 문제가 없는 한 2주 이내로 승인여부가 나온다.

◉ 영어공부를 위해서 호주 워킹홀리데이를 가는 것이 좋은가요? 어학연수를 가는 것이 좋은가요?

많은 학생들이 호주 워킹홀리데이가 영어공부도 할 수 있는 비자라고 '착각'하는 경우가 많다. 호주 워킹홀리데이는 공부를 목적으로 하는 비자가 아니다. 관광비자는 HOLIDAY, 학생비자는 STUDENT, 워킹홀리데이 비자는 WORKING+HOLIDAY다. 워킹홀리데이비자가 영어공부가 치중되는 비자라면 STUDENT나 혹은 STUDY라는 문구가 나와야 정상이다. 워킹홀리데이비자는 원문을 보면 알다시피 일을 하고 휴가를 즐기는 비자다.

요즘 워킹홀리데이비자가 학생들 사이에서 학생비자에 비해 저렴하게 영어정복이 가능하다는 인식이 퍼졌다. 잘못된 생각이다. 법적으로 17주 이상 공부하지 못하는 워킹홀리데이 법이 있기에 4개월 이상의 학교등록을 하지 못하니, 당연히 일반적으로 6개월 이상 장기 등록하는 학생비자에 비해 학비가 적을 수밖에는 없다. 일상생활에서 영어공부를 하겠다는 학생들도 있지만, 학교에서 공부하지 않으면 한계는 분명히 존재한다. 간단한 일상대화 정도의 영어실력에 만족한다면 4개월 정도에서 멈춰도 되지만, 외국대학 입학이나, 영주권 혹은 고급 영어 과정을 수료하기 위해서는 학교에서 정식으로 공부를 하는 것이 효율적이다. 게다가 대부분의 학교들은 장기등록 하는 학생들에게 혜택을 제공하고 있다.

또한 호주 워킹비자 후 학생비자로 오는 학생들이 있는데 그것 역시 본말이 전도된 선택이다. 영어가 된 상태에서 일을 구해야 고임금을 받으면서 일을 할 수 있다. 영어가 안 된 상태에서는 최저임금의 반 정도 되는 금액의 캐시잡cash job 혹은 호주인들이 하지 않는 3D 일을 하며 영어는 쓰지 않는 일을 한다.

호주 학생비자 혹은 다른 나라 어학연수를 통해서 영어를 사용하면서 일을 할 수 있는 수준까지 올리고 난 뒤 호주 워킹홀리데이로 비자로 와서 풀타임 일을 하며 학생비자로 투자했던 금액을 벌어가는 방법이 더 옳은 선택이 아닐까? 호주 워킹홀리데이 후 학생비자 기간은 거의 2년이라는 기간이 걸리지만, 영어실력은 1년 어학연수를 가는 정도로만 향상되고, 학생비자 후 워킹홀리데이를 오는 경우는 영어실력 1년+실생활 영어공부 1년을 하는 것과 같다고 생각하면 된다. 물론 그것도 열심히 공부했을 경우의 이야기다.

호주 워킹홀리데이 기간이든 학생비자 기간이든, 머물렀던 시간만큼의 성과물을 가지고 오지 않으면 '훈장질'하는 사회가 기다리고 있다는 것을 기억하기 바란다.

◆ 필리핀어학연수 후 호주연수 추천하나요?

필리핀어학연수 후 호주어학연수를 가는 학생들이 많다. 그런데 문제는 필리핀어학연수의 만족도에 비해 호주어학연수 만족도가 터무니없을 정도로 낮다는 것이다. 그런 점 때문인지 호주에서 공부를 하지 않고 일만 한 뒤 필리핀으로 어학연수를 다시 가는 경우가 많다. 그렇지만 그 선택은 대부분 후회를 낳는다. 대부분의 필리핀 학교는 왕초보에서 중급 정도 수준의 커리큘럼만 있고, 고급영어 커리큘럼을 가지고 있는 학교는 거의 전무하기 때문이다. 실질적으로 필리핀어학연수 3개월 이상 6개월 정도 하는 사람에게 맞는 커리큘럼을 가진 학교는 몇몇 대형학교를 제외하고는 없다.

그러다보니 그룹수업 내 자신보다 잘하는 사람들에게 배우는 간접효과가 없다. 오직 1 대 1수업만이 자신에게 남는 수업이 될 뿐이다. 그런 것과 다르게 대부분의 호주학교 최종 커리큘럼은 대학진학을 목표로 하는 사람들 혹은 IELTS 과정, 캠브리지 과정 등의 고급 영어 과정이 학교 내 모객 첫 순위다.

그렇기 때문에 필리핀연계연수를 가는 사람들에게 필리핀어학연수는 기본 12주 기준으로 6개월 이상은 절대로 안 된다고 말한다. 짧게 필리핀에서 영어의 자신감을 익힌 후 호주에서 고급 영어 과정을 수료하는 것이 답이라고 말한다.

◆ **시드니와 멜버른은 한국인이 많아서 어학연수 지역으로 좋지 않나요?**

호주 어학연수를 생각하는 사람들이 가장 많이 가는 지역도 시드니와 멜버른이고, 가장 꺼리는 지역으로 분류되는 곳도 역시 시드니와 멜버른이다. 시드니와 멜버른을 선호하는 학생들은 수도는 아니지만, 호주 제1의 도시에서 공부를 할 수 있다는 장점 때문에 시드니와 멜버른을 선택한다. 그와 반대로 시드니, 멜버른을 꺼리는 학생들의 논리는 다음과 같다. 한국인이 많이 붐비기 때문에 수강생들 중 반절 이상이 동양인, 그것도 한국인이어서 영어로 말할 수 있는 기회가 없어 시드니와 멜버른을 선택하지 않는다고 말한다. 실제 가격도 시드니와 멜버른의 학교는 다른 지역 학교들보다 평균가격이 비싸다. 그렇지만 역시 제일 저렴한 학교도 시드니와 멜버른에 위치한다. 워낙 많은 학생들이 시드니와 멜버른으로 가기 때문에 공급과 수요법칙에 따라 저렴한 학교들이 생겨나는 것이다. 같은 지역도 이렇게 바라보는 시선에 따라서 어떤 사람에게는 장점으로 다가오고, 어떤 사람에게는 단점으로 다가온다.

어학연수 지역으로 어디가 좋다고 규정짓는 것만큼 어리석은 답변도 없다. 다 본인의 마음가짐에 달려있다. 아무리 좋은 학교도 본인이 단점만 보고 장점을 내 것으로 만들지 못한다면 그 학교는 결코 좋은 학교가 아니다. 반대로 상대적으로 나쁜 어학교도 장점을 자신의 것으로 만들면 좋은 학교다.

　어학연수를 가는 학생들이 꼭 피해야 하는 자세로 자신에게 면죄부를 주지 말라는 이야기가 있다. 어학연수 지역만큼은 스스로 정해라. 그래야 본인이 선택한 것에 대해 면죄부를 주지 못한다. 친구 따라 강남 간다는 말처럼 본인 의사와는 상관없이 남 말만 듣고 지역선정하지 말라는 소리다. 모든 사람이 좋다고 해서 자신에게 좋은 게 아니다. 본인의 성향에 맞는 지역은 최소한 스스로 정하고 학교에 자문을 구하는 것이 답이다. 그 정도의 성의도 보이지 않을 거라면 뭐 하러 공부한다고 해외로 나가나.

◆ 호주인 영어발음이 이상하던데 어학연수지로 괜찮을까요?

외국대학을 다니고 있는 한국학생에게 호주인과 대화를 하라고 하면 그들은 대화를 못 할까? 약간의 영어표현이 다른 것에 혼동을 느끼지만 얼마 시간이 지나면 대화를 곧잘 한다. 호주유학을 꺼리는 이유 중의 하나로 거론되는 것이 호주인 발음이다. 호주인 발음이 미국식 발음도 아니고 영국식 발음도 아닌 '짬뽕' 영어라는 인식 때문이다. 물론 필자 역시 2년 동안 호주에 있었고, 호주 내 실버타운에서 거주하며 영어발음이 확실히 학창시절 배웠던 미국식 영어와 다르다는 것을 깨달

았다. 그런데 혼돈스러워하는 내게 인도인 친구가 이렇게 말했다.

"너는 교재에서나 나오는 발음을 가진 사람하고만 대화할 거야?"

그렇다. 우리나라 사람이 경상도 사투리, 전라도 사투리를 쓴다고 해서 의사소통이 안 되지 않듯, 영어발음과 악센트 문제를 가지고 공부가 안 된다는 핑계를 대서는 안 된다.

로버트 할리와 샘 헤밍턴을 보면서 그들의 억양과 발음 가지고 한국어 공부 제대로 못했다고 생각하는가? 그렇지 않다. 언어실력은 발음이 아니라 표현력이다. 누가 반기문 장관의 영어실력을 낮게 평가하는가? 영어 상급자 수준이 아닌 이상 어학연수 지역을 선택할 때 발음 문제는 생각하지 않아도 된다.

03 뉴질랜드유학 Q&A

◆ **뉴질랜드 비자의 종류와 특성에 대해서 알려주세요.**

뉴질랜드 비자는 크게 관광비자무비자, 학생비자, 워킹홀리데이비자로 나뉜다. 현재 한국과 뉴질랜드는 상호 사증면제 협정이 체결되어 있어서 특별한 비자 준비 없이 바로 입국이 가능하다. 또한 뉴질랜드 관광비자는 12주 이하의 영어공부가 법적으로 가능하다. 현지에서 관광비자 연장이 손쉬운 탓에 관광비자로 가서 비자 연장하며 학교를 다니는 학생들이 많다. 그런데 요즘 뉴질랜드 정부차원에서 관광비자로 학교등록을 하는 학생들의 비자를 취소하는 경우가 많아 공부할 목적으로 가는 학생은 학생비자를 받고 뉴질랜드를 가는 것이 좋다.

　뉴질랜드는 보통 3개월 이상 어학연수를 하는 경우 학생비자를 받는다. 뉴질랜드 학생비자 준비 절차는 다음과 같다. 개강일 기준으로 2개월 이전부터 학생비자 신청이 가능하다. 접수 후 비자발급 기간은 2주에서 3주 정도 소요되므로 여유 있게 비자를 준비한다. 구비서류는 여권, 여권사진 2장(6개월 이내 촬영한 여권사진), 비자신청서, 입학허가서, 학비납부영수증, 재정증명서(영문은행잔고증명 한 달 1천 200달러 이상의 잔고증명), 가족관계증명서, 신체검사, 학생비자 신청비 24만 8천 원(2013년 6월 기준)이다.

　뉴질랜드 워킹홀리데이비자의 자격요건은 만 18세부터 30세까지 부양자녀가 없는 한국 국적의 소유자면 가능하다. 체류기간동안 최소 생활비(4천 200뉴질랜드달러 이상의 잔고)와 왕복항공권이 필요하며 체류기간동안 의료보험에 가입한 자면 가능하다. 워킹비자 기간 중 12주 기간의 어학연수가 가능하며 풀타임 일을 할 수 있지만 한 고용주 밑에서 3개월 이상 근무는 불가능하다. 다시 말해 뉴질랜드 워킹홀리데이 비자를 통해 아르바이트 이상의 일을 하기는 힘들다는 말이다. 워킹비자는 한 해 1천 800명 선착순 선발이며, 호주 워킹홀리데이와 함께 3개월 이상 원예 및 포도재배업에 종사한 경우 1년 워킹비자 연장이 가능하다.

◆ 뉴질랜드에 일자리가 많나요?

매년 워킹홀리데이로 떠나는 인원은 약 5만 명이상으로 추정한다. 그 중 호주 워킹홀리데이로 3만 명 이상 나가고 있는 반면, 뉴질랜드는 1천 800명 선착순 선발로 최대 1천 800명만이 워킹홀리데이를 가고 있다. 이런 점에 비추어 많은 학생들은 착각에 빠진다. 호주는 일자리가 많아서 쿼터제 제한이 없고 뉴질랜드는 일자리가 없어서 인원 제한이 있다고 생각하는 것이다. 어떤 면에서는 맞는 이야기고, 어떤 면에서는 틀린 이야기다. 아무래도 호주는 뉴질랜드에 비해 광활한 땅덩어리에 일자리도 많다. 그렇지만 공급과 수요의 법칙을 따져보면 웃을 수 없는 현실을 발견할 수 있다.

일자리가 많은 서울이지만 청년실업률 역시 높은 곳이 서울이듯이, 평균적으로 한국인이 일을 구하는 것이 힘들다고 이야기하는 것이 호주 내 한국인의 현실이다. 뉴질랜드는 그에 반해, 전체 일자리는 부족하지만 보통 농장의 일자리는 대부분 구할 수 있다고 말한다.

일자리가 없다고 투정 부리기에는 1년이라는 시간이 너무 짧다. 해보고 나서 투정하라. 하지도 않고 투정부리는 것만큼 한심한 것도 없다. 뉴질랜드에서 일을 구할 때 참조할 사이트는 다음과 같다.

- www.seasonalwork.co.nz
- www.fres.co.nz
- www.nzkgi.org.nz
- www.fhinz.co.nz
- www.backpackerboard.co.nz
- www.seasonaljobs.co.nz
- www.winz.govt.nz
- www.picknz.co.nz

워킹홀리데이 정신은 도전정신이다. 일자리 없다 가만히 앉아있지 말고, 도전하라. 뉴질랜드 1천 800명의 도전자 중 좋은 일자리를 구하는 것은 나보다 더 많은 땀을 흘린 사람의 몫이다. 노력은 절대로 배신하지 않는다.

04 미국유학 Q&A

◆ **미국 비자종류와 특성에 대해서 알려주세요.**

유학원들이 대한민국 '국격'이 높아졌다며 이야기하는 근거로 미국 비자를 꼽는다. 미국에 간다는 것을 부의 상징처럼 여기던 과거와는 달리 현재는 전자여권을 발급 받은 뒤 미국 방문 전 ESTA 사이트에 접속하여 여행허가를 간단히 받으면 미국 무비자 입국이 가능하다. 최장체류일은 3개월이다. 이와 함께 미국비자는 크게 B비자, F비자, J비자로 나뉜다.

B비자는 B1, B2비자로 분류된다. B1비자는 미국에 볼일이 있어서 자주 방문하는 비즈니스 비자형식이고, B2비자는 여행비자 개념

이다. B비자는 한 번 발급받으면 발급일로부터 10년 유효기간이 생긴다. 여기서 학생들이 착각하는 것이 10년 동안 미국에서 거주가 가능하다고 생각한다는 것이다. B비자의 최장 체류기간은 6개월이다. 현재 ESTA 무비자가 생긴 이래로 B비자는 거절률이 매우 높아졌다.

미국 학생비자라 칭하는 것은 F1비자다. F1비자는 미국의 중고등학교, 대학, 대학원, 어학연수 갈 때 반드시 받아야 하는 비자다. 이때 비자 서류에는 관광비자를 받을 때 제출하는 기본서류에 SEVIS I-20가 반드시 첨부되어야 한다. SEVIS란 미국에 있는 외국유학생을 관리하기 위해 몇 년 전부터 실시되고 있는 시스템을 의미한다. 테러와의 전쟁을 선포한 미국에서 학생비자로 입국한 사람이 언제 입국해서 어떤 학교를 다니고 있으며, 또 어떤 학교로 전학 가는지에 대한 모든 파악이 가능한 시스템이라 할 수 있다. 미국의 연수학교도 SEVIS 프로그램에 가입이 되어 있어야 하며, 학생도 SEVIS 프로그램에 등록이 되어야 된다.

미국유학을 준비하는 학생들은 꼭 기억해야 될 것이 있는데, 입학허가서 발행할 때 학교에서 발급된 것인지, SEVIS에 등록되어 있는 SEVIS I-20를 발급한 것인지를 확인해야 한다. SEVIS I-20은 통상적으로 미국무부에서 각종 서식에 따른 명칭을 붙여 넣는 것으로 학교의 입학허가서를 I-20이라 부른다. 보통 미국유학의 입학허가서는 학교에서 이민국의 허가 없이 SEVIS번호를 발급받아 발행이 되며, 학생이 SEVIS fee를 낸 후 비자신청이 가능하다.

F비자는 보통 5년 유효한 비자가 발급이 되며, 학업을 지속하는 한 비자 기간에 관계없이 계속 체류가 가능한 비자다. F2비자는 F1의 배우자 혹은 자녀가 받는 비자로 흔히 동반비자라 칭한다.

마지막으로 J비자가 있다. J비자는 문화교류 비자로 교환교수, 교환학생 등이 J비자에 속한다. 이와 함께 미국무부에서 세계의 젊은 이에게 미국을 알리고자 주관하는 미공립학교 무료교환 프로그램, 기업체 인턴십 같은 프로그램도 J비자에 속한다. J비자 신청 시에는 SEVIS DS-2019서류가 필요하다. DS-2019서류는 I-20와 명칭만 틀릴 뿐 동일한 의미다. J비자는 B비자, F비자처럼 체류기간이 일정치 않고 각각의 경우에 따라서 최장 체류기한이 정해져 있다. J2비자 역시 J1비자를 체득한 배우자와 자녀가 받는 비자다.

◆ **미국어학연수를 짧게 하고 현지에서의 학교등록을 추천하나요?**

미국 학생비자는 다른 나라 학생비자와는 다르다. 다른 나라 학생 비자는 통상적으로 학교등록 기간+1개월에서 길게 3개월 정도의 비자가 나온다. 그렇지만 미국비자는 학교등록 기간에 상관없이 5

년짜리 비자가 나온다. 그러다보니 짧게 어학연수를 끊은 뒤 현지 실정을 살피고 학교등록을 하는 경우가 많다. 그런데 바로 이 점이 유학실패를 부른다.

보통 영어공부하는 학생들은 몇 차례 슬럼프를 겪는다. 슬럼프를 이겨내는 사람만이 유학 온 소기의 목적을 달성할 수 있다. 이미 수차례 이야기했던 바다. 보통 장기간 학교등록을 한 학생들은 슬럼프 기간이 짧다. 그런데 짧게 학교등록을 하고 온 학생들의 대부분은 기간이 끝나고 난 뒤 슬럼프가 찾아오면 집에서 빈둥대거나 향수병에 빠진다. 현지 실정을 미리 경험하고 알아본 뒤 학교를 다닌다고 말은 하지만, 대부분은 짧게 학교를 다닌 뒤 다시 슬럼프에 빠진다. 그리고 공부의 흥미를 점점 잃고 자신과 비슷한 학생들과 어울리며 술독에 빠져 사는 것이 현재 미국으로 유학 간 몇몇 학생들의 씁쓸한 현실이다.

사실 이런 현상은 제대로 된 어학원을 추천하지 않아 생긴 유학원의 잘못이다. 워낙 많은 유학원들이 학생들을 생각하기보다 자신들의 이윤만을 생각하다보니 생긴 문제다. 대부분의 전통 있는 유학원들의 조언은 미국 가기 전 학교등록 6개월 이상은 국내에서 하고 가라고 조언한다. 그런 후 고급 영어과정은 현지에서 스스로 찾아보는 식으로 유학생활을 하는 것이 좋다고 조언한다. 사실 중상급 영어과정이 되지 않는 이상 슬럼프 탈출은 더 어렵다. 여기서 다시

한 번 강조하지만, 본인의 장래를 생각하는 맞춤형 상담을 하는 유학원을 찾도록 하자. 본인에게 맞는 유학원. 그 유학원이 유학성공의 디딤돌이다.

◆ **중소도시 어학연수와 대도시 어학연수 중 어떤 곳을 추천하나요?**

미국어학연수를 간다면 최소한 중소형 도시와 대도시를 다 같이 경험하고 오라고 조언한다. 그런 점에서 캠퍼스 이동이 가능한 대형 학교 선택 혹은 중소도시 내 인지도 높은 학교를 다닌 뒤 대도시 학교를 가는 것이 좋다.

보통 미국하면 뉴욕이란 생각에 비싼 비용 감수하며 뉴욕만 고집하는 경우가 많다. 그러나 영어실력이 좋지 않은 학생이라면 대도시보다는 비교적 가족적인 분위기가 조성되어 있는 지방 소도시가 더 효율적이다. 반대로 대도시 어학연수를 간 뒤 지방 소도시로 가는 것은 잘못된 선택이다. 상대적으로 영어연수도 연수지만, 학교 수업이 끝나고 난 뒤 여러 액티비티를 할 수 있었던 대도시 어학연수 생활에 길들여졌던 학생들은 절대로 지방 소도시에 적응 못한다.

미국에 가면 한 도시 경험에 만족하지 말고, 최소 두세 군데 이상 돌아다니며 연수하기를 추천한다. 보통 옮기는 때는 슬럼프 겪는 시기가 좋다. 새로운 연수 지역에 따라 나태했던 마음을 다시 잡는 경우가 많기 때문이다.

◆ **미국유학 중 아르바이트는 할 수 없나요?**

학생비자로 가는 학생들이 미국에 가면 아르바이트를 할 수 없다고 생각하는 경우가 많다. 물론 법적으로는 일을 할 수 없다. 하지만 어학연수가 아닌 정규대학(원) 학생이라면 주당 20시간 합법적으로 일을 할 수 있다. 단, 교내 혹은 학교에서 인정해주는 기관이나 장소일 경우다. 그리고 어학연수 간 학생들의 대부분도 법적으로는 일을 할 수 없지만, 편법 식으로 눈 감아 주면서 유야무야 넘어가는 경우가 많이 있다. 실제로 미국에서 일하다가 불법으로 추방되었다는 유학생 이야기는 거의 들어보지 못했을 것이다. 나는 들어봤다고 의아해 하는 사람들은 불법체류자와 착각을 하는 거라고 자신 있게 말하겠다! 유학생들은 아르바이트를 한다고 추방당하지는 않는다.

요즘 학생들이 돈을 벌기 위해 많이 가는 호주 워킹홀리데이에 많은 학생들이 텍스잡(tax JoB, 세금 내는 정상적인 일)을 하지 않고 캐시잡을 하는 것처럼 미국에서도 그와 비슷한 캐시잡 형식의 일자리가 많다. 호주 최저임금이 시간당 16달러에 해당하는 것처럼, 미국에서도 많은 임금을 받지는 못한다. 대부분의 호주 워홀러들이 교민 밑에서 8달러에서 10달러 정도의 금액을 받고 일을 한다. 그러나 미국은 호주와 달리 팁 문화가 자리 잡혀 있어서 실제 임금보다 1.2배에서 많게는 2배 가까운 돈을 팁으로 받는 경우도 있다. 그런 점에서 미국에서 아르바이트가 없다고 단언하기에는 다소 아쉬운 점이 있는 것이다.

　실제로 많은 유학생들이 미국에서 아르바이트를 통해 유학비용을 조금이나마 절감하고 있다. 영어를 사용하지 않고 단순히 노동을 한다면 돈을 번다고 그것이 진짜 돈을 버는 게 아니다. 이미 엄청난 유학비용을 지불했다. 그에 따른 선택과 집중의 힘을 발휘하는 것이 유학에서 진짜로 돈을 버는 일이다. 내가 말하고 싶은 것이 그거다. 유학생활 중 아르바이트는 돈을 벌기 위해서라기보다는 영어를 익히고 사용하기 위해 하는 것이라는 생각을 가져야 한다. 선과 후를 달리 생각하지 말아야한다.

◆ **왜 하필 미국 정규유학을 추천하나요?**

미국에는 크고 작은 사립대학 및 주립대학이 3천여 개가 넘는다는 분석이 나오고 있다. 다시 말해, 미국은 그만큼 학교들 간 학생들 모객을 위해 커리큘럼 경쟁이 이루어져 학교의 평균 퀄리티가 높다는 뜻이다. 그런데, 문제는 그만큼 검증 안 되어 있는 학교들이 즐비하게 많은 것도 미국유학의 현실이다. 그렇지만 분명한 사실은 미국유학은 명실상부 전 세계 모든 나라가 선호하는 영어 어학연수 지역이라는 점이다. 일단 다른 나라와는 비교가 안 될 정도로 많은 선택이 존재한다. 미국대학이나 대학원 진학조건에 유용한 학교들이 많기 때문에 단순히 어학연수만이 아닌 정규 유학을 가는 사람들에게 많은 기회를 제공한다. 특히나 아이비리그를 포함하여 전 세계 최고 랭킹의 명문대학들이 미국 내 존재하는 것은 무시할 수 없는 현실이다.

나 역시 호주유학원에서 3년 근무한 경력이 있지만, 어학연수는 몰라도 정규유학만큼은 미국으로 가라는 조언을 한다. 현재 대부분의 대기업, 중소기업 인사담당자들의 스펙, 즉 해외파들의 스펙은 미국대학을 나왔다는 것이다. 아무리 세계 100위 안에 들어가는 대학을 나왔다 하더라도, 한국 사회에서는 인정해주질 않는다. 향후 10년 이후라면 전통 유학연수지역인 미국, 영국의 대학이 아닌 호주, 캐나다, 뉴질랜드 등의 대학을 나온 사람들이 사회의 기득권이 되어 인정받을 수 있을지도 모르겠다. 그렇지만 현재의 분위기는 미국, 영국에서 정규유학을 마치고 온 사람이 아닌 이상 인정받지 못하는 것이 대한민국의 불편한 현실. 미국유학이 다른 나라 유학보다 더 높게 평가받는 것은 미국유학의 장점보다는 대한민국 사회에 팽배한 미국에 대한 사대주의에 기인한 것이 아닐까?

05 캐나다유학 Q&A

◆ **캐나다 비자종류와 특성에 대해서 알려주세요.**

캐나다 비자는 크게 관광비자, 학생비자, 워킹홀리데이 비자, CO-OP비자_{C30}비자로 나뉜다. 캐나다 관광비자는 따로 비자신청 필요 없이 6개월간 체류가 가능한 비자다. 캐나다 입국 후 1회 연장이 가능하며, 최장 연장기간이 6개월이라 관광비자로 캐나다에서 1년 거주하는 학생들이 많다. 워낙 캐나다 학생비자 절차가 복잡하고 어려워, 관광비자로 캐나다에 입국해서 연장하는 학생들이 대부분이다. 관광비자로 입국할 때 필요한 서류로는 캐나다 학교 6개월 이내 입학허가서와 왕복항공권을 가지고 입국하면 된다.

학생비자는 6개월 이상 어학연수 및 학업을 목적으로 캐나다에 입국하는 학생에게 적용되는 비자다. 요즘에는 워낙 학생비자 발급이 까다로워 발급하는 학생들이 나날이 줄어들고 있는 추세. 학생비자 준비서류는 다음과 같다.

1. 여권, 주민등록증 사본, 여권용 사진 1매
2. 학생비자 신청서
3. 개인경력서: 18세 생일 이후부터 현재까지의 모든 내역에 대해서 기술해야 한다.
4. 캐나다 비자 수속료 영수증
5. 입학허가서: 원본과 사본 각 1부
6. 직장인인 경우: 최근 5년간의 경력사항에 따른 증빙 서류(세무서 소득금액증명원) 및 국민연금 가입이력 요약
7. 중고등학교 졸업증명서 및 성적증명서
8. 유학계획서
9. 재정서류: 부모, 본인, 배우자 외 재정보증인은 인정되지 않는다. 재직서류, 소득금액증명원, 최근 3년간의 세무내역, 은행계좌, 보증인의 가족 관계증명원
10. 가족 관계증명서(신청인 본인)

위의 서류가 준비되었다면, 비자서류 접수 후 신체검사를 받은 다음 캐나다 대사관으로 유학허가증이 발급된다. 유학허가증 발급기

간은 최소 4주에서 8주 이상의 시간이 걸린다. 캐나다 학생비자를 신청하는 학생들은 최소 3개월 이전에 준비하는 것이 좋다.

캐나다 워킹홀리데이비자는 연 2회 상반기, 하반기로 해서 각각 2천 명 선발한다. 캐나다 워킹홀리데이비자 신청은 주한캐나다대사관에서 공지한 해당기간에 따라 신청하며, 비자 신청 후 발급까지 3~4개월 이상 걸린다.

마지막으로 캐나다 CO-OP비자(C30)는 원래 일반연수 학교에서 어학연수 후 아르바이트를 할 수 있는 비자로 많은 이들이 지원했지만 2014년 6월 1일부터 어학원을 통한 코업비자 신청이 불가해졌고, BC주의 교육기관에서 6개월 이상 코스를 발급받을 경우 혹은 EQA기관에 정식 등록된 학원만 가능한 것으로 변경되었다. 캐나다에서 일을 하고자 한다면, 워킹홀리데이 비자를 정식으로 발급받도록 법이 바뀐 것이다. (EQA란 BC주에서 외국인 유학생 유치, 관리 역량을 인증하는 제도로, 캐나다 최초의 고등교육 품질교육제도를 말한다.)

◈ 미국어학연수와 캐나다어학연수의 차이는 무엇인가요?

호주와 뉴질랜드와는 다른 느낌의 비교가 되는 국가가 바로 미국과 캐나다다. 솔직히 우리에게 캐나다는 미국에 비해서 꿩 대신 닭이라는 개념이 강하다. 미국비자 심사에서 워낙 많이 떨어지다 보니 대신에 캐나다로 선회하는 식으로 유학을 가는 경우가 많았던 것.

그렇지만 캐나다는 미국과는 다른 캐나다만의 장점이 분명 존재한다. 캐나다유학의 장점으로 꼽는 것으로 캐나다에는 방언이 없다는 점이다. 미국은 지방 도시로 내려가면 방언이 존재한다. 발음이 그다지 중요하지 않다고는 하지만, 이왕이면 표준어 발음을 구사하는 곳에서 공부를 하는 것인 만큼 더욱 효율성을 높이는 것이 좋지 않나. 또한 현재 많은 이슈가 되고 있는 유학 후 이민이 캐나다에서는 성행하고 있다. 미국 학생비자 거절 사유는 보통 불법체류를 하려는 사람들을 걸러내는 데 있다. 그런 만큼 미국은 이민에 대해서 매우 까다로운 필터를 가지고 있다. 그렇지만 캐나다는 미국에 비해서 유학 후 이민을 장려하는 사회적 분위기가 조성되어 있다. 물론 예전처럼 '영주권학과'라는 식으로 쉽게 영주권을 취득하는 일은 사라졌지만, 그래도 유학 후 이민이라는 테마는 캐나다 유학생들에게 꽤나 큰 매력으로 작용한다.

이와 함께 미국과 캐나다를 연계해서 가는 유학도 성행하고 있다. 미국은 3개월 무비자 어학연수가 가능하고, 캐나다는 6개월 무비자 어학연수가 가능하다. 상대적으로 학생비자 수속에 드는 비용과 시간을 허비하는 대신 미국과 캐나다를 분산해서 어학연수를 가는 식으로 계획하면 시간도 절약되고 돈도 절약하는 1석 2조의 효과를 얻을 수 있기 때문 다시 말하지만, 캐나다는 캐나다만의 장점이 있다. 무조건 미국유학의 장점만을 이야기하며 캐나다유학은 수준이 떨어진다는 식으로 광고하는 유학원은 한 번쯤 의심하라.

06 영국유학 Q&A

◆ 영국 비자종류와 특성에 대해서 알려주세요.

영국비자는 크게 관광비자, 학생비자, 워킹홀리데이 비자YMS로 나뉜다. 관광비자는 특별한 결격 사유를 가지지 않는 이상 대한민국 국민이라면 누구나 받을 수 있는 비자로, 최대 6개월까지 받을 수 있다. 지리적 특성상 영국에서 유럽의 다른 나라를 방문한 후 재입국 해 6개월 관광 비자를 다시 받는 식의 '꼼수'를 부리는 시기가 있었지만, 현재는 입국거절이 되는 경우가 많아서 6개월을 최장 기간으로 설정하고 가는 것이 좋다. 관광비자 기간 동안 자유롭게 영어공부를 할 수 있다는 장점 때문에 6개월 이내로 어학연수를 생각하는 사람은 굳이 학생비자로 영국을 찾지 않아도 된다는 장점이 있다.

영국 학생비자는 나이, 과정, 기간과 목적에 맞게 SVV, ESVV, GSVV형식으로 비자가 분류된다. SVV는 6개월 단기 학생비자로 왕복항공권, 입학허가서, 학비영수증 등을 보여주고 영국 공항에서 입국심사 시에 받을 수 있는 비자다. 여기서 주의해야 될 점은 의료보험혜택이 되지 않아 여행자보험 또는 유학생 보험을 꼭 들고 가야 된다는 것이다. SVV는 비자연장이 되지 않으며, 아르바이트도 할 수 없는 단점이 있다.

이에 반해 ESVV는 6개월 이상 11개월 미만 공부하는 학생들이 받는 비자로 이 비자 역시 현지에서 비자연장이 안 되고 아르바이트를 할 수 없지만, 무료 의료보험 혜택을 받을 수 있다. 그러나 입학허가서, 재정서류, 온라인 신청서 등 제출해야 되는 서류가 많아 영국비자가 받기 어렵다는 이야기가 나오는 것이 바로 ESVV비자다.

마지막으로 학생비자 GSV비자가 있다. 정규 유학과정을 밟고자 하는 학생들이 신청해야 하는 비자로 현지연장도 가능하고, 대학 혹은 컬리지 학생들은 아르바이트도 가능하다. SVV와 ESVV와 다른 점은 공인된 영어점수를 반드시 제출해야 된다.

2012년부터 영국은 우리나라와 워킹협약을 맺었다. 워킹홀리데이 비자는 일명 영국청년교류제도라 불리며 YMS라 칭한다. 다른 나라 워킹홀리데이 비자가 1년인 것에 비해 처음부터 2년 비자가 나온다.

그 기간 동안 체류하며 일도 하며 공부도 할 수 있는 비자. 현재 연간 참가 가능한 인원은 1천 명이다.

◆ 영국유학은 너무 비싸서 추천하지 않나요?

영국하면 어쩐지 돈 많은 집안의 자제들이나 가는 곳이라는 선입견이 가득한 유학연수지. 실제로 다른 나라 연수지에 비해서 물가와 학비가 비싸다. 그러나 마치 귀족유학이라도 되는 것처럼 과장되게 영국유학이 비싸다는 것은 비약이다. 영국 런던을 제외한 중소도시를 가면 생각만큼 비싸지 않으며, 어떤 곳은 다른 나라 어학교보다 저렴하게 공부를 할 수 있는 곳도 많다. 물론, 이때도 무작정 학교는 어디나 다 비슷하다고 생각해서 저렴한 곳만 찾으면 낭패다. 최소한 두 가지 정도는 체크해보고 영어학교를 선정하는 것이 좋다. 보통 영국학교를 검증할 때 보는 것으로 ARELS(공인 영어 학교 협회)마크와 BASCELT(국립전문대영어연수협회)가 있다. 이 두 마크는 최소한의 학교의 질을 보장해준다고 생각하면 된다.

   영국은 미국과 함께 전 세계에서 어학연수를 가장 많이 가는 지역으로 유명하다. 또한 영국식 영어는 고급영어라는 인식까지 있어 더욱 많은 나라에서 유학을 가는 추세다. 무조건 영국은 돈 많은 사람이나 가는 곳이라는 편견을 가지고, 영국을 유학연수지의 범주에서 제외시키지 마라.

영어공부의 양이나 연수 기간이 영어실력을 대변하는 척도가 아니다. 선택과 집중의 힘을 발휘할 때 6개월 어학연수를 가도 1년의 효과를 발휘할 수 있는 것이 유학이다. 전 세계 어학연수 지역을 가격으로 배제하지 말고 효율성과 본인의 성향에 맞는 지역을 선택하는 것이 성공적인 어학연수의 비결이다.

아일랜드유학 Q&A

◆ **아일랜드 비자종류와 특성에 대해서 알려주세요.**

아일랜드 비자는 크게 관광비자, 학생비자, 워킹홀리데이비자로 나눌 수 있다. 관광비자는 별도의 비자 준비 없이 아일랜드로 갈 수 있는 비자로 한국과 아일랜드 양국 간 3개월 무비자 체류가 가능하기 때문에 입국 시 90일 체류허가를 받을 수 있고, 이 기간 동안 어학연수를 할 수 있다.

아일랜드 학생비자는 다른 나라 학생비자와는 다르게 한국에서 별도 준비 없이 아일랜드 현지에 가서 받는다는 것이 가장 큰 장점이다. 아일랜드 공항 입국 시 입학허가서를 제출하면 한 달 임시체류가 가능한 임시 학생비자를 발급받는다. 한 달 이내에 아일랜드 이민국에 방문하여 학생비자를 신청하면 아일랜드 비자가 나온다. 학생비자 신청 시에는 다음의 준비물을 챙기도록 하자.

1. 비자신청서
2. 여권
3. 주 15시간 20레슨 이상 수업을 받는 학교 입학허가서
4. 학비완납증명서
5. 의료보험 증명서(등록한 학교 입학허가서 기간만큼의 보험가입 혹은 한국에서 발행한 보험인 경우 보상금액이 US달러 3만달러 이상의 플랜 적용한 보험 가능)
6. 출입국 신고서
7. 영문은행잔고(아일랜드 현지 계좌, 3천유로 이상의 잔고증명)
8. 수수료 150유로(신용카드 혹은 현지은행 직불카드(현금으로 지불 불가)

또한 아일랜드 학생비자의 장점으로 거론되는 것으로 25주 이상 학교등록을 하는 경우 주당 20시간, 학업이 없는 기간에는 주당 40시간 이내의 아르바이트를 할 수 있는 장점이 있다. 아일랜드 워킹홀리데이비자는 학생비자보다 한층 자유로운 비자다. 연간 400여명 선착순 지원을 받고 있으며 준비서류는 다음과 같다.

1. 영문신청서 작성
2. 비자 신청료 : 60유로 (평균 9만 원선 - 환율변화에 따라 달라짐)
3. 여권용 사진 2매
4. 여권 전체 복사본
5. 영문이력서 및 자기소개서
6. 영문 재학(졸업)증명서. 성적증명서
7. 영문 예금잔고 증명서 (최소 300만 원 이상)
8. 범죄 조회증명서
9. 반신용 우편봉투 (등기우편 부착, 주소기재)

 아일랜드 학생비자가 워킹홀리데이비자와 비슷한 측면이 많지만, 워킹비자가 상대적으로 인기는 적은 편이다. 일자리가 많지 않은 편이기 때문에 상대적으로 아일랜드로 가는 학생들의 대부분은 학생비자로 가는 것을 선호하기 때문이다.

◆ 아일랜드 내 일자리가 없다는 데 사실인가요?

아일랜드는 상대적으로 영어권 나라의 어학연수에 비해서 저렴한 학비를 자랑한다. 또한 비자도 다른 나라 어학연수에 비해서 간소

하지만 일자리가 없다는 점에서 학생들이 아일랜드 유학을 꺼린다. 이 대목에서 나는 반문하고 싶다.

학생비자로 가는 주목적은 영어공부이지, 일이 아니다. 일을 해서 유학비를 아낄 수 있다고는 하지만 영어공부는 집중의 힘을 얼마나 보이느냐에 따라 성공여부가 갈린다. 그리고 유학준비를 하는 학생들이 생각해야 될 점 가운데 하나가 바로 면학분위기다. 보통 아일랜드 학교를 다니는 학생들의 대부분은 25주 이상 다니는 학생들이다. 짧게 12주 이하로 다니는 어학연수로 매주 졸업파티를 한다고 할 정도로 일자리를 찾아 떠나는 워홀러들이 많은 다른 나라 학교 분위기와는 사뭇 다르다.

생각해보면 아일랜드의 단점이라 불리는 일자리가 없다는 것이 유학 가는 학생들에게는 면학분위기 조성에 있어 장점이 될 수 있다. 보는 관점에 따라 단점이 장점으로, 장점이 단점으로 인식될 수 있다는 것을 알아야 한다.

08 기타 유학연수지 Q&A

◆ **몰타유학에 대해서 알려주세요.**

몰타는 이탈리아 남서쪽에 위치한 나라로 지중해의 보석으로 불리는 곳이다. 제주도 6분의 1에 해당하는 작은 섬들로 이루어진 국가로 전 세계 허니문 여행 지역으로도 유명하다. 몰타유학의 가장 큰 장점은 세계적인 천혜의 자연에서 유럽 친구들과 공부를 할 수 있다는 것이다. 거기다 가격도 상대적으로 저렴한 편이다. 영어권 국가 영어연수 비용에 비해 약 3분 2정도로 저렴하다.

또한 몰타는 평균 세 시간 이동거리에 러시아, 독일, 이탈리아, 스페인 등으로의 유럽여행이 가능해 영어연수만이 아닌 유럽여행을 가는 데 있어서도 매우 좋은 조건을 갖춘 것으로 유명하다. 비자 역시 한국과 몰타는 3개월 간 비자 없이도 체류가 가능해 서류가 복잡하고 까다로운 다른 나라보다 수월하다. 물론 몰타유학의 단점이 없는 것은 아니다.

아무래도 연수지역의 강점만 앞세우다 보니 영어학교가 커리큘럼 개발을 통해 모객을 하는 다른 나라 학교에 비해서 평균적으로 학교수준이 떨어진다. 그러다보니 몰타유학은 영어권 나라유학의 대체상품이 되기보다는, 초보자가 많이 가는 필리핀연수와 비교하여 생각해야 한다. 어학연수 최종연수지역이라는 인식보다는 최종유학지의 디딤돌 유학형식으로 몰타를 생각하면 이해가 쉽다.

◈ **인도유학에 대해서 알려주세요.**

인도는 다들 알다시피 세계2위의 인구대국이며, 전 세계 젊은이들이 배낭여행을 가장 꿈꾸는 나라로 손꼽히는 곳이기도 하다. 현재 인도는 필리핀과 함께 1 대 1 수업이 진행되고 있으며 식사, 청소 등이 제공되는 기숙사 일체형의 학교가 운영되고 있다. 필리핀 어학연수지의 가장 큰 단점이라 할 수 있는 강사의 수준과 유흥 문제는 인도에서는 거의 없다고 해도 과언이 아니다.

더구나 인도여행을 유럽여행처럼 마치 스펙(?)으로 인지하는 한국 사회에서 영어공부와 인도여행이라는 두 마리 토끼를 잡을 수 있다는 장점 또한 인도유학의 좋은 점. 그렇지만 아직까지 인도유학이 정착할 정도로 현지에 학교들이 많지 않다는 단점이 있다. 인도학교가 유명한 것이 아니라, 인도라는 어학연수 지역의 장점만 보고 유학을 가는 꼴이다. 아무리 두 마리 토끼를 잡을 수 있다는 장점이 있다고 하더라도, 한 마리 토끼도 잡지 못하는 형국이 될 소지도 크다.

그렇지만 향후 5년 이내, 인도유학은 영어권 국가를 가기 전 연계연수 유학의 첫 유학지역인 필리핀을 대체할 유학연수지로 발전할 가능성이 높다.

◆ **남아공유학에 대해서 알려주세요.**

우리나라 정부에서 영어를 쓰는 나라로 지정한 나라는 7개국이다. 미국, 영국, 캐나다, 호주, 뉴질랜드, 아일랜드 그리고 남아공이다. 남아공을 제외한 다른 6개국은 현재 유학연수지로서 어느 정도 정착이 된 나라다. 남아공이 원어민 7개국으로 꼽히는 나라임에도 불구하고 많은 한국인 학생들에게 알려지지 않는 이유는 다름 아닌 '안전' 문제 때문이다. 그렇지만 남아공의 수도인 케이프타운은 주

정부에서 치안에 각별한 신경을 쓰고 있어 남아공 내 가장 안전한 지역이며, 테이블 마운틴, 희망봉 등 세계의 자연유산을 경험할 수 있는 곳으로도 유명하다.

치안이 불안정해서 남아공을 선택하지 않는 경우가 많지만, 실제 남아공을 접했던 이들은 다른 어떤 나라보다 안전하다고 여긴다. 게다가 어느 나라든지, 외국인 관광객이나 유학을 가는 사람들이 있는 곳은 대체로 안전성이 보장되는 곳이다.

물론 유학연수지로 남아공은 인도처럼 아직 정착이 되지 않았다. 학교가 많지 않아 선택의 폭이 좁다는 단점이 있다는 말이다. 그렇지만 남아공 유학의 장점은 학생들에게 충분히 큰 매력을 느끼게 할 만하다. 남아공 유학은 보통 골프와 여행을 즐기면서 영어를 가볍게 공부하고자 하는 학생들에게 추천할 만한 곳이다. 남아공에서 골프를 배우는 데 소요되는 경비는 처음 레슨비 약 15만 원 정도 수준이며, 필드 경기를 하는 데 1회 3만 원 정도의 금액이면 가능하다. 또한 남아공의 기후 역시 한국 사람들에게 큰 장점이다. 연평균기온이 인도양 연안의 포트엘리자베스가 18도, 대서양 연안의 케이프타운이 15.9도, 내륙고원의 요하네스버그가 16도다. 우리나라 사람이 가장 사랑하는 청명한 가을 날씨를 가지고 있는 것이 남아공이다.

남아공 유학 역시 향후 유학연수지로 발전할 가능성이 농후한 곳이다. 무조건 남아공은 위험하다는 생각으로 유학연수지에서 배제하는 우를 범하지 마라.

◆ **말레이시아유학에 대해서 알려주세요.**

필리핀유학을 대체할 수 있는 유학으로 인도유학을 많이들 거론하지만, 내가 눈 여겨 보는 유학 연수지는 말레이시아다. 실제 필리핀 어학연수를 생각하는 학생들은 요즘 필리핀이 생각만큼 저렴하지 않다는 것을 깨닫는다. 그도 그럴 것이 수업료, 숙박, 식사까지 다 해결된다고는 하지만 비자연장비용, SSP발급비용, 59일 이상 필리핀에 머물 예정이라면 꼭 발급받아야 되는 I-CARD비용까지 생각하면 12주 기준으로 약 50만 원 가까운 돈을 추가적으로 지불해야 된다. 그런 경우 정상적으로 학생들이 필리핀 어학연수로 지불하는 비용은 12주 기준으로 400만 원 이상이다.

반면, 말레이시아는 현재 대한민국 정부와 90일 무비자 협정을 맺고 있으며 그 기간 동안 영어공부가 가능하다. 말레이시아에서도 필리핀과 같이 기숙학원을 운영하고 있으며, 필리핀학교를 벤치마킹하여 1 대 1수업도 진행하고 있다. 물론 필리핀 유학비용보다는 약 1.2배 정도 비싼 것이 흠이지만, 필리핀처럼 추가적으로 드는 비용이 없다는 점과 세계 최저가 항공사로 유명한 에어아시아의 허브

공항 쿠알라룸프루가 있어 다른 나라로의 연계연수 항공권이 저렴하다는 장점이 있다.

물론 아직까지 말레이시아 유학은 신흥 유학지역으로 가능성을 보여주고 있는 단계로 정착이 되지는 않았다. 그렇지만 필리핀유학의 단점인 유흥에 노출되는 것과는 달리 말레이시아는 국교가 이슬람교인지라 학생이 애써 찾지 않는 한은 유흥에 빠질 수 없는 구조다. 또한 말레이시아 국제학교 같은 경우는 저렴한 학비도 학비지만 영어, 중국어, 말레이어까지 배울 수 있는 장점이 있다. 요즘에는 영어만 잘 한다고 해서 스펙이 되던 시대는 지났다. 그런 점에서 영어만이 아닌 중국어, 말레이어까지 배울 수 있어 조기유학을 생각하는 분들에게 큰 메리트가 있는 곳이 바로 말레이시아다.

예전처럼 유학갈 수 있는 나라가 한정적인 때와는 달리 요즘에는 본인의 방향에 맞는 유학연수지 선택이 중요하다. 그런 점에서 말레이시아는 꽤나 매력적인 유학연수 지역이다.

◆ **싱가포르유학에 대해서 알려주세요.**

싱가포르의 영토 크기는 서울과 비슷하지만 다양한 인종들이 어우러져 서로의 문화를 존중하며 조화를 이루며 사는 곳으로 유명하다. 싱가포르의 유학연수지로서의 장점은 말레이시아와 같이 영어, 중국어, 말레이어를 같이 배울 수 있는 지역이라는 점. 그러다보니 싱가포르 유학은 성인연수보다는 조기유학으로 뜨고 있는 지역이다. 또한 깨끗하고 안전한 교육환경은 싱가포르 유학의 또 다른 장점. 심심찮게 들리는 유학생들 사건사고 소식이 부쩍 많아진 것에 비해, 싱가포르 내 유학 사고는 전무하다가 해도 과언이 아닐 정도로 안전한 편이다.

 싱가포르는 세계 유수 대학의 학위를 본교대비 3분의 2정도의 저렴한 학비로 취득할 수 있어 부모들의 교육비 부담을 줄일 수 있다는 것도 큰 장점이다. 실제 세계 유수 대학들이 본교학위를 인정해 준다는 것 자체가 싱가포르 교육을 인정하는 지표라고 할 수 있기 때문이다. 실제 싱가포르 유학을 경험한 사람들은 싱가포르 유학을 실용적 유학이라 칭송한다. 영어만이 아닌 중국어까지 공부를 할 수 있다는 언어적인 메리트와 함께 상대적으로 저렴한 금액으로 해외 유수대학 학위를 수료할 수 있다는 점 때문이다. 상대적으로 저렴한 싱가포르 유학도 한 번쯤 눈여겨보고 자신에게 맞는 유학프로그램이 있는지 살펴보도록 하자.

유학원 가기 전 반드시 알아야 하는 유학정보

각국 대사관 정보

- 주한 미국대사관: korean.seoul.usembassy.gov
- 주한 캐나다대사관: www.korea.gc.ca
- 주한 영국대사관: www.gov.uk/government/world/south-korea.ko
- 주한 호주대사관: www.southkorea.embassy.gov.au/seoul/home.html
- 주한 뉴질랜드 대사관: www.nzembassy.com
- 주한 일본대사관: www.kr.emb-japan.go.jp
- 대한민국 외교부: www.mofa.go.kr
- 주한 아일랜드대사관: embassyofireland.or.kr
- 주한 남아공 대사관: southafrica-embassy.or.kr
- 주한 인도 대사관: www.indembassy.or.kr
- 주한 싱가포르 대사관: www.mfa.gov.sg/content/mfa/overseasmission/seoul.html
- 주한 말레이시아 대사관: www.malaysia.or.kr

02
각 나라별 주류 및 담배 허용량

유학생활을 하는 데 있어서 생활비의 상당부분을 차지하는 것이 주류와 담배다. 그렇기 때문에 많은 유학생들이 면세점에서 주류와 담배를 많이 구입한다. 그렇지만 여기에서 주의할 점은 각 나라별로, 그리고 주별로 주류 및 담배 허용량이 다르다는 점이다. 각 나라별 주류 및 담배 허용량은 다음과 같다.

국가	주류허용량	담배허용량
호주	2.25리터	50개비
캐나다(Alberto/Manitoba/Quebec)	1.14리터	200개비
캐나다(Other city)	1.14리터	200개비
중국 본토, 홍콩, 마카오 거주자	1리터	200개비
홍콩	1리터	19개비 or 25 grams of manufactured tabacco (담뱃잎)
인도네시아	1리터	200개비
일본	3병(750ml each)	400개비(비거주자), 200개비(거주자)
중동(아부다비, 두바이, 도하, 사우디아라비아)	금지	400개비 or 100개비 or 500 grams of tabacco
필리핀	2리터	400개비
타이완	1리터	200개비
태국	1리터	200개비
미국	1리터	200개비
베트남	알코올도수 22도 이하 2리터 소지가능 22도 이상 1.5리터	400개비

최저가
항공 사이트 정리

유학비용은 비슷하다 하더라도 본인의 발품 노력에 따라 저렴해질 수 있는 것이 바로 항공료다. 유학원 및 여행사에 문의하는 것도 좋지만, 대행하지 않고 직접 항공권을 구매하면 굳이 수수료 지급을 하지 않아도 된다. 유학 가기 전 알아야 될 최저가 항공사는 다음과 같다.

- 세부퍼시픽: http://www.cebupacificair.com (필리핀)
- 에어아시아: http://www.airasia.com (필리핀, 말레이시아, 호주, 뉴질랜드, 싱가포르)
- 타이거항공: http://www.tigerair.com (필리핀, 싱가포르, 호주 내 국내선)
- 버진 아메리카: http://www.virginamerica.com (미국)

- 사우스 웨스트: http://www.southwest.com(미국)
- 웨스트젯: http://www.westjet.com(미국, 캐나다)
- 동방항공: http://easternair.com(미국, 캐나다, 영국, 호주)
- 라이언항공: http://www.ryanair.com(아일랜드 및 유럽항공권)
- 이지젯: http://www.easyjet.com(유럽 최저가항공)
- 발트항공: http://www.airbaltic.com(유럽최저가항공)

최저가항공 같은 경우는 리턴일 변경 불가 및 기내 서비스 유료 이용 등에 불편함이 따른다. 보통 필리핀 연계연수를 가는 경우라면 본인의 일정을 잘 파악하고 구매하는 것이 좋다. 일반적으로 필리핀 연수생들 중 상당수의 학생들이 기간연장을 하는 경우가 있기 때문. 이런 경우 최저가 항공티켓을 버리는 경우가 많다. 또한 최저가 항공을 이용할 때 새겨야 될 점은 최저가 항공이어서 저렴한 것이 아니라, 프로모션이 적용되어서 항공료가 저렴하다는 점이다. 무조건 최저가 항공에서 항공권을 끊으면 된다는 생각에 유학 가기 얼마 남지 않는 시점에 급하게 구매하면 일반 항공보다 더 비싸게 가게 되는 것이 최저가 항공이다.

유학은 즉흥적으로 준비하는 것이 아니므로 항공도 즉흥적으로 준비하면 안 된다. 최저가 항공사의 프로모션을 잘 이용하면 한 달 생활비를 벌 수 있다는 점을 기억하고 발품을 팔 것.

각종 영어시험 정보

◆ SAT I

SAT는 미국의 고등학생이 대학에 입학하기 위해서 보는 시험이다. 물론 모든 미국대학이 SAT점수를 요구하는 것은 아니다. 하지만 미국대학 진학을 생각하는 학생이라면 SAT점수를 가지고 있는 것이 좋다. SAT는 추리력을 테스트하는 시험인 SAT I 과 과목별 테스트인 SAT II로 나뉜다. SAT I 은 수험생이 공통으로 보는 시험이며, SAT II는 대학마다 요구하는 과목이 다른 데 약 두세 개 정도의 과목을 요구한다. 우리의 수학능력 시험과 다른 점은 SAT는 1년 4회 정도의 응시기회가 있어서 과목별로 가장 점수가 높은 것을 제출하면 된다.

SAT Ⅰ의 문제는 크게 언어영역과 수리영역으로 나뉜다. 언어영역은 유추, 문장완성, 독해를, 수리영역은 산수, 대수학, 기하학을 테스트한다.

◆ SAT Ⅱ

SAT Ⅰ시험이 학생의 이해력과 논리력을 평가하는 시험이라면 SAT Ⅱ는 실질적으로 우리나라 대학시험 과목과 같이 학과 공부를 평가하는 시험이다. SAT Ⅰ의 질문은 논리력 측정이 목적이기 때문에 문항이 모호한 반면, SAT Ⅱ는 객관식으로 시험이 진행된다는 특징이 있다. 하루에 1과목에서 최대 3과목까지 응시가 가능하며, 원하는 서브젝트 테스트Subject Test 스케줄에 맞춰 자유롭게 선택해서 시험응시가 가능하다.

영어 외 과목으로는 역사, 수학, 과학, 외국어 영역(독해실력 테스트: 프랑스어, 독일어, 히브리어, 이태리어, 라틴어, 스페인어), ELPTEngligh Language Proficiency Test등이 있다.

◆ ACT

ACT는 고등학생들의 일반적인 교육 성취도와 대학교육을 이수할 수 있는 능력이 있는지 여부를 테스트하는 시험. 미국대학에서 보통은 SAT를 주로 채택하는 데 반해, ACT는 미국 중서부 및 남부의 일부 대학이 요구하는 시험이다. 원래 ACT라 함은 인지적 영역의 교육발달검사. 비인지적 영역의 고등학교 과정·학점 정보 질문지와 학생의 프로파일 질문지 및 흥미검사 등을 총괄하는 개념이지만, 우리는 주로 인지적 영역의 교육발달검사를 지칭하는 것으로 사용된다. 테스트는 영어, 수학, 읽기, 과학추리 등의 네 가지 테스트를 본다.

◆ TOEFL

토플시험은 미국, 캐나다를 위시한 영어권 국가의 대학에 입학하기 위해서 꼭 획득해야 되는 시험이다. 종전에는 시험지로 보는 시험이었으나 이제는 컴퓨터상에서 온라인으로 시험을 본다. 기존 시험은 저난이도에서 고난이도의 문제를 다수의 수험생이 푸는 방식이었으나, 현재 방식은 컴퓨터가 응시자의 수준을 감안한 문제를 제시하는 1대 1방식을 취하고 있다. 컴퓨터로 보는 CBT시험의 구성은 4개의 섹션 Listening, Structure, Reading, Writing으로 이루어져 있다.

첫 번째 두 섹션은 Listening과 Structure. 이 섹션에서는 수험생 수준에 맞춰서 질문이 주어진다. 이 두 섹션에서 처음 질문은 평균적인 난이도의 문제가 주어진다. 다음 문제부터는 학생의 실력에 맞춘 난이도의 문제가 제시된다. 다음 문제를 선택하기 전까지는 답을 교정할 수 있지만 한 번 다음 문제로 넘어가면 이전 문제를 다시 풀 수 없다.

   Listening 섹션은 풀기 위해서는 헤드폰을 사용한다. 문제를 듣는 동안 대화 장면과 다른 정보들이 컴퓨터 스크린을 통해 제시된다. 시험시간은 컴퓨터를 통해 제시되며 질문은 오로지 한 번만 주어진다.

   Structure 섹션에서는 두 종류의 문제유형이 제시되는데, 첫 번째 유형은 밑줄이 주어지고 그것을 완성하는 문제유형이다. 두 번째 문제 유형은 단어나 구에 밑줄을 치고 틀린 부분을 골라내는 문제다.

   Reading 섹션은 다른 섹션과 달리 질문에 답하지 않고도 다음 문제로 넘어갈 수 있고, 이미 풀었던 문제도 되돌아가 다시 풀 수 있다. 이 섹션은 약 5개의 지문이 주어지고 총 문제는 50여 개 안팎이다. 푸는 시간은 1시간 30분 내외로 주어진다.

   Writing 섹션은 기존의 시험과는 달리 CBT에서는 Writing이 필수다. 응시자는 주어진 30분 안에 주어진 하나의 토픽에 대한 에세이를 써야 된다.

◆ GRE

GRE는 미국 ETS에서 주관하여 실시하는 시험으로 일반 대학원 진학 희망자들을 위한 것인데, 학업 중 필요한 기본적인 능력과 소양을 테스트하기 위한 시험이다. 거의 모든 대학에서 입학 시 GRE 점수를 요구하므로 매우 중요한 시험이라 할 수 있다. GRE는 크게

General Test와 Subject Test 두 가지로 나누는데, 보통은 General Test 점수를 요구하나 각 전공에 따라 각기 다른 내용의 시험문제가 출제되는 Subject test를 요구하는 경우도 있다.

GRE시험 또한 CBT TOEFL처럼 컴퓨터로 시험을 치루는데, 응시자가 문제를 푸는 동안 그 수준에 반응하여 난이도가 결정된다. GRE는 점수를 평가하는 3개의 섹션과 점수를 평가하지 않는 1~2개의 섹션으로 나뉜다.

첫 번째 섹션인 Verbal Section은 문장의 논리를 이해하는 능력과 문장의 의미에 맞는 단어나 구를 인지하는 능력, 어휘력과 반의어 추론능력, 단어 간 연관성, 병렬, 유사관계 추론능력, 주어진 문장을 읽고 이해력, 통찰력, 분석력 측정을 한다.

두 번째 섹션인 Quantitative Section은 수학능력을 테스트한다. 주로 테스트하는 분야는 Arithmetic, Algebra, Geometry, Data analysis 분야다.

세 번째 섹션인 Analytical Section은 법칙과 규칙에 따라서 논리적으로 사고하는 능력과 상황 분석 능력을 테스트한다.

◆ GMAT

GMAT는 경영 대학원과정에 지원하고자 하는 응시자들의 학문적인 기본 자질을 평가하기 위한 시험이다. 이 시험은 미국 ETS산하

GMAC라는 위원회에서 주관하며 연중 4회 실시된다. 일반 대학원 시험인 GRE와는 그 성격을 달리하며, 보통 MBA과정에 지원하려면 800점 만점에 600점 이상의 점수를 획득해야 한다. GMAT 시험 섹션 중 Analytical Writing Assessment의 목적은 수험생의 논리적 사고력, 표현력, 작문실력을 테스트하기 위해서다. 두 번째 섹션인 Quantitative 섹션은 주로 수학문제와 주어진 데이터를 보고 판단하는 능력을 테스트하는 분야다. 마지막으로 Verbal 섹션은 명료한 언어구사력과 독해력, 논리적인 추론력을 테스트하는 분야다.

◆ IELTS

IELTS는 학생들의 말하기, 듣기, 쓰기, 읽기 등의 영어사용 능력을 테스트 하는 시험이다. 지원자에 목적에 따라서 Academic과 General 중 선택하여 시험을 치룰 수 있다. Academic은 수준 높은 학문을 수행하는 지원자에 맞는 시험모듈로, 대학진학을 목적으로 하는 사람이 치는 시험이다. 이와 반면 General은 학문 이외 취업, 이민의 목적을 가진 사람들이 시험을 본다. 현재 IELTS는 영국, 호주, 뉴질랜드 등 영연방 국가들의 각종 기관에서 인정되는 시험이다. 현재는 미국의 교육기관에서도 점차 IELTS를 인정하는 곳이 늘어나고 있다. IELTS는 The University of Cambridge Local Examinations Syndicate와 The British Council, IDP Education Australia 세 곳에서 운영되고 있다.

◆ SSAT

SSAT시험은 미국 사립고등학교 입학시험이다. 미국 내에서는 정규적으로는 1, 2, 3, 4, 6, 11, 12월에 연 7회 정규시험이 있고, 한국의 경우에는 1, 3, 4, 11, 12월에 연 5회 정규시험이 시행되고 있다. 전체 5개 섹션으로 구성되며 유형은 객관식이며 각각 25분동안 영어와 수학을 평가한다.

각 섹션은 Analogy math1, Synonyms, math 2, reading Comprehension 그리고 Essay로 나뉜다. 그 중 에세이는 25분이며, 대부분 점수의 향방을 점수에 가장 큰 비중을 차지하는 것이 에세이다.

◆ GED

GED는 미국과 캐나다에서 고등학교 졸업학력을 인정하는 자격시험이다. 미국 학생 일곱 명 중 한 명은 GED과정을 통해 미국 고등학교 과정을 수료한다. 시험은 모두 다섯 가지 과정으로 나뉜다.

첫 번째 시험은 문법과 에세이다. 한 가지 Topic이 주어지고 45분 동안 에세이를 완성하면 된다. 두 번째 시험은 Social Studies, 즉 미국사, 세계사, 경제, 정치, 지리 등을 묻는 시험으로 70문제 약 50문제를 푼다. 세 번째 시험은 과학시험이다. 지구과학, 생명과학 물리

과학 등 기초 과학문제들이 나온다. 80분 동안 50문제를 풀도록 되어 있다. 네 번째 시험은 문학수업이다. 다섯 개의 픽션과 2개의 논픽션 지문을 가지고 약 65분 동안 40문제를 풀도록 제작되어 있다. 마지막으로 수학시험이 있다. 90분 동안 50문제를 풀도록 되어 있다. 보통 한국 학생들은 난이도가 쉽다고 생각할 정도로 평이한 문제가 나온다.

보통 GED시험을 보면 미국, 캐나다 대학을 입학할 수 있다고 말한다. 그렇지만 GED시험 점수만 가지고 입학할 수 있는 대학은 커뮤니티 컬리지나 하위권 주립대학 정도. 즉 아무나 갈 수 있는 대학 정도라고 보면 된다. GED는 고등학교 졸업장의 의미지. 대학입학에 필요한 서류가 아니라는 점을 인식하고 각 대학교에서 요구하는 ACT, SAT, TOEFL과 같은 시험을 준비해야 된다.

◆ AP

AP 수업은 고등학교에서 대학의 학점을 미리 이수할 수 있는 제도다. 매년 5월 실시하는 AP시험을 통해 입학 후 학점을 미리 인정받을 수 있는 제도다. AP과정이 특히 우리나라 학생들에게 인기 있는 이유는 대학에 들어가서 이수해야 할 학점이 줄어들기 때문에 조기 졸업을 할 수 있다는 장점과 대학 원서를 쓸 때 큰 메리트로 작용하기 때문이다. 아무래도 학생의 학습능력이 우수하다는 것을 대학에 보여줄 수 있는 잣대가 될 수 있기 때문이다. 학교마다 규정은 다르지만 보통 4점 이상을 받은 과목은 이수한 것으로 해준다.

AP는 보통 20여개 과목들로 이뤄져 있으며 객관식과 주관식으로 나눠진다. 각각의 점수를 합산해 1~5등급으로 성적을 구분한다. 미국에 있는 유학생과 국제학교 학생들은 학교 AP시험 담당자에 지시에 따라 시험을 보며, 일반 고등학교 학생들은 한미 교육위원단에서 AP시험을 응시할 수 있다.

05 고급 영어수료과정 총정리

◆ **TESOL**

TESOL은 영어를 모국어로 사용하지 않는 사람에게 영어를 가르치는 방법을 배우는 과정으로 영어교사 양성 과정을 말한다. 영어의 교수법을 배우는 과정이다.

◆ **TECSOL**

TESOL 자격증이 어른들을 위한 영어교수법 양성과정이었다면, TECSOL은 어린이들을 대상으로 한 영어 교수법양성과정이다. 이 자격증이 있다면 4세~12세 어린이 대상으로 영어수업 및 다양한 교수법을 습득하게 된다. 아무래도 어른을 가르치는 교수법을 배우는 테솔과는 달리 텍솔은 어린이들 연령별로 습득능력을 배우며 노래, 동화, 게임 및 만들기 등을 배운다.

◆ YLE

캠브리지대학교에서 주관하는 국제공인 영어능력 평가로서, 7세~12세 유치원, 초등학생용 영어시험이다.

◆ KET

캠브리지 KET시험은 여행, 학업, 직업 활동 시 기본적인 일상생활에 대처할 수 있는 영어를 구사할 수 있는 영어수준의 시험이다.

◆ PET

캠브리지 시험 중 하나인 PET는 초급영어능력시험으로 영어권 국가에서 사회생활 및 직장생활을 하기 위해서 필요한 최소한의 영어실력을 검증받기 위해 치르는 시험이다.

◆ FCE

중급영어능력시험으로 전 세계 대학 및 교육기관 그리고 기업체에서 널리 인정되는 시험이다. 쓰기, 읽기, 듣기, 말하기에 대한 테스트를 기본으로 문법 및 관용어법에 대한 테스트도 같이 이뤄진다.

어학연수를 간 학생들이 흔히 스펙을 위해 따는 시험이다.

◆ CAE

영어를 직업 또는 학업의 목적으로 사용하려는 사람들을 위한 높은 수준의 상급영어능력시험이다. 자신의 의견을 영어로 충분히 표현할 수 있을 정도의 수준을 가진 사람이라면 도전해볼만한 시험이다. FCE 시험과 같이 말하기, 듣기, 쓰기, 읽기 등의 영역과 문법 및 관용어법에 대한 측정이 병행되는 시험이다.

◆ CPE

캠브리지 시험 중 가장 높은 난이도의 시험이다. CPE에 통과하면 토플시험을 보지 않고 영국, 호주, 뉴질랜드 등 영연방 국가의 대학 학부나 대학원을 입학할 수 있는 자격이 주어진다. CPE는 듣기 시험이 상당히 어려운 시험으로 영어권 국가에서 오랜 기간 거주한 사람조차도 버거워하는 시험이다. 그러다보니 보통 캠브리지 시험을 보는 사람은 CPE를 최종목표로 둔다.

◆ BEC

전 세계 수많은 기업 경영자들이 직원들의 원활한 업무수행 및 직원평가 수단으로 활용하고 있는 국제공인 영어능력평가 자격증이다. BEC는 영국 캠브리지대학교 산하 영어능력평가 캠브리지 ESOL에서 실시한다.

◆ BULATS

BULATS시험은 캠브리지대학교 내 영어평가 팀에서 직장인들의 영어 구사력을 평가하도록 회사 및 기관을 위해 개발된 국제공인영어능력평가시험이다. BULALTS 시험은 외국어로서 영어를 구사하는 직장인들과 취업을 앞둔 학생들이 준비하는 비즈니스 영어시험이다.

◆ ILEC

ILEC는 스웨덴의 국제법률회사인 TransLegal과 영국의 캠브리지 대학교 산하 언어평가기관인 Cambridge ESOL이 공동개발한 비영어권 법조인들을 위한 국제법률 영어인증시험이다.

◆ ICFE

ICFE는 영국공인회계사 협회ACCA와의 오랜 공동 연구 개발 끝에 탄생된 국제 금융영어 인증 시험으로 전 세계 58개국에서 널리 사용되고 있는 시험이다.

전 세계 유학수속 절차 정리

유학사기 사건이 일어나는 가장 큰 이유는 고객이 유학에 관한 아무런 지식이 없기 때문이다. 최소한 각 나라 유학수속 단계를 알고 있어야 유학사기를 당하지 않는다. 간략하게 각 나라별 유학수속 절차를 정리해봤다.

1. 미국

미국유학을 준비하는 사람들은 다른 나라 유학과는 다르게 본인이 알아야 할 대목이 많이 있다. 특히나 정규유학(학사 및 석사 박사)을 준비하는 학생들은 입학에 관한 시험 등을 충분히 시간을 두고 준비해야 된다. 미국유학 수속절차는 다음과 같다.

▨ 유학원 선정

미국유학은 다른 나라 유학과는 달리 공신력 없는 유학원을 가게 되면 서류 미비로 인해 미국비자가 떨어지는 경우가 많이 있다. 그런 점에서 미국유학에 시작이 반이라고 이야기하는 것이 유학원 선정이다. 최소한 네 군데에서 다섯 군데를 비교분석하고 맞춤형 상담을 진행하는 곳을 선정하도록 한다.

▨ 입학관련 시험 준비

지원하는 학교가 요구하는 시험을 미리 1년 전쯤 준비해놓는 것이 좋다. 대학생인 경우는 토플과 SAT, IELTS 대학원인 경우는 토플, GRE, GMAT 등의 시험점수를 확보해두는 것이 좋다. 보통 커트라인 점수를 상회하는 점수를 받아두는 것이 좋다.

■ 입학관련 서류 준비

각 지원 학교들이 구비 서류가 약간씩 다를 수 있다. 그러므로 각 학교마다의 구비서류를 잘 체크하도록 한다. 보통 학교에 제출하는 서류는 재정 보증 서류로 부모님의 영문 은행 잔고증명서, 중학교, 고등학교의 성적 증명서, 각 학교별로 요구되는 에세이 등이 있다.

■ 입학허가 신청

입학신청서 작성과 함께 구비서류를 준비하여 학교로 발송한다. 그러면 개인 이메일로 원서를 잘 받았다는 연락이 온다. 그 후부터는 수시로 학교사이트를 통해서 현재 상황을 체크해보는 것이 좋다. 이때 영민한 유학원들은 미비한 서류를 요구할 때 빠른 시일 내로 학생들에게 전화해서 서류 준비를 돕는다. 모든 서류가 접수되면 입학 심의를 하게 되고 통상적으로 약 2주에서 6주 후면 입학결과를 받게 된다.

■ 입학허가서 발부

지원학교에 입학이 결정되면 학교에서는 입학허가서를 학생에게 발부해준다.

■ 숙소 신청

입학허가를 받은 후 에는 기숙사 신청 및 홈스테이 신청을 한다.

▨ 비자 서류 준비

여권을 만든 뒤 비자 서류를 준비한 뒤 인터뷰 예약을 한다. 씨티은행에서 160달러를 지불하고, 영수증 번호를 입력해야 인터뷰 날짜를 잡을 수 있다.

▨ 비자 면접

보스턴테러사건 이후 학업 목적이 확실한 경우를 물어보는 경우가 많이 생겼다. 그러다 보니 인터뷰 중 본인이 학업 후 한국에 꼭 돌아와야 되는 이유에 대해서 언급하는 것이 좋다.

▨ 비자 발급

모든 준비된 서류를 미국 영사에게 제출한다. 미국영사는 서류심의와 인터뷰를 한 후 학생비자 발급에 문제가 없으면 여권을 회수하고 나머지 서류는 신청자한테 다 돌려준다. 비자 인터뷰 후 약 2~3일 후 비자가 찍힌 여권을 택배로 받게 된다.

▨ 항공권 구입 및 출국준비

항공권 예매는 보통 프로모션 기간에 따라 많은 돈을 아낄 수 있다. 급하게 항공권을 끊는 경우 프로모션으로 가는 학생보다 많게는 100만 원 가까운 돈을 더 지불하는 경우도 있다. 그런 점에서 미국유학을 가기 전 항공권 프로모션을 알아두고 미리 예매를 해두는 것이 좋다.

◯ 미국유학원 선택 시 주의해야 될 점

- 미국비자가 어렵다는 이유로 캐나다유학을 권유하는 유학원은 피하는 것이 좋다. 유학은 꿩 대신 닭 개념으로 가는 것이 아니다. 대부분 미국전문 유학원이 아닌 경우 그런 방식으로 캐나다 유학으로 유도하는 경우가 많다.

- 학생 개개인 맞춤형 상담이 아닌 선물상자를 만들어놓고 학생들에게 강요하는 상담을 하는 유학원을 피하라. 요즘 비즈니스맨들이 사장으로 있는 유학원들의 대부분의 모습이 학생들의 성향과 특성을 살피지 않은 채 상품을 만든 뒤 제품 판매하듯 유학 상품을 판매한다. 본인의 성향을 파악하고 그에 맞는 맞춤형 상담을 하는 곳을 선택하자.

- 미국학교 매뉴얼을 앵무새처럼 읊어대는 유학원을 조심하라. 모든 학교를 다 가서 조사할 수는 없다. 하지만 오로지 한 지역 한 학교만 강요하는 유학원은 미국을 모르는 유학원이다. 오로지 미국연수가 정통유학 지역으로 유명하고, 유행의 흐름을 타지 않는 곳이라 모르지만 유학 상담을 하는 곳이 대부분이다. 미국 전 지역의 특징과 학생의 성향에 맞는 곳을 상담할 수 있는 지식이 축적된 유학원을 선택해야 된다.

2. 영국

영국유학을 준비하는 사람들이 꼭 기억해야 되는 점이 있다. 그것은 학생비자도 크게 세 가지로 나뉜다는 점이다. 6개월 단기비자SVV, 11개월 학생비자ESVV, 일반학생비자GSV 로 나뉜다. 세 가지 비자의 특성은 다음과 같다.

SVV

최대 6개월 거주, 비자연장이 불가, 일을 할 수 없다. 비자발급에 필요한 영어레벨이 없다. 비자 인지세가 없다. 비자 신청 장소는 영국공항 혹은 한국이다. 무료 의료혜택은 긴급응급조치만 해당한다.

ESVV

최대 11개월 거주 가능, 비자연장 불가, 일을 할 수 없다. 비자발급에 필요한 영어레벨이 없다. 학생비자 인지세는 231US달러이다. 비자 신청 장소는 한국이며 무료의료혜택을 받을 수 있다. 비자신청은 보통 완벽한 서류구비 후에 본인의 거주 지역에 상관없이 영국비자 신청센터에서만 신청이 가능하다. 우편접수는 불가하며 본인이 직접 방문접수하게 된다. 보통 서류접수 할 때 신분확인을 위한 지문인식과 사진촬영을 하게 된다. 비자접수시간은 월요일부터 금요일 오전 8시부터 오후 1시 30분까지 가능하다. 문의는 월요일부터 금요일로 오전 9시부터 오후 3시까지 가능하며, 유선전화번호는 한국에서 연결 시 02-6926-5050, 해외에서 연결 시 008621-6926-5050이다. 더 자세한 내용은 웹사이트 www.vfs-uk-kr.com/korean에 확인하도록 한다.

■ GSV

최대 3년까지 거주가 가능하다. 비자연장이 가능하며 일을 할 수 없다. 영어레벨은 B1IELTS 4.0이상, 학생비자 인지세는 492US달러이다. 비자 신청 장소는 한국이며 무료 의료혜택을 받을 수 있다. 보통 ESVV비자와 다른 점으로는 학생비자로 연장이 가능하다는 점과 영어실력이 있어야 학생비자 발급이 가능하다는 점이다.

보통 학사 이하를 가는 학생비자 같은 경우는 B1레벨이 필요하며, B1레벨의 요건은 아래와 같다.

IELTS 4.0전 영역 4.0, IBT 토플 57점Reading -8 Listening -13 Speaking - 19 Writing - 17 토익 790점Reading - 275 Listening - 275 Speaking -120 Writing -120 PTE 43점Reading - 43점 Listening - 43 Writing -43 Speaking - 43

학사 이상의 코스로 학생비자 신청을 하는 경우는 B2레벨을 받아야 된다. B2레벨은 다음과 같다.

IELTS 5.5전 영역 5.5 IBT 토플 87점Reading -21 Listening -22 Speaking - 23 Writing - 21 토익 1095점Reading - 385 Listening - 400 Speaking - 160 Writing 150 PTE 59점전 영역 59점

보통 한국에서 학생비자 신청을 하는 사람들이 준비해야 되는 서류는 다음과 같다.

- 여권(만료일이 11개월 이상 유효한 것)

- 여권용 사진 1매, 비자신청서

- 학비 완납 후 학교에서 받는 입학허가서

- 최종학교영문재학증명서

- 최종학교영문성적증명서

- 직장인인 경우 경력증명서

- 재정서류(부모님: 영문 사업자등록증 혹은 영문 재직증명서, 영문 소득금액증명서, 영문 은행잔고증명서. 6개월 영문 거래내역서)

- 기본증명서(영문 주민등록등본, 가족관계증명서, 재정보증동의서)

- 왕복항공권

이중 일반학생비자인 GVS는 공인영어점수를 제출해야 학생비자가 나온다.

◐ 영국유학원 선택 시 주의해야 되는 점

- 영국유학은 다른 나라 학생비자와 다르게 학생비자도 크게 세 가지로 나뉘고 관광비자로 6개월까지 학업이 가능하다. 그런데 이를 잘 모른 채 상담을 하는 유학원들이 많다. 오로지 학교등록에 따른 혜택만 강조한 채 학생들의 맞춤형 상담을 해줄 수 있는 곳이 거의 없다. 실제 영국유학 상담을 하는 사람도 제대로 된 학생비자 준비절차도 모르고 상대적으로 일처리가 쉬운 단기학생비자(SVV)만을 강요하는 유학원들이 많이 있다. 영국유학원 선택 시 가장 크게 봐야 되는 점은 학교등록에 따른 혜택이 아닌 영국유학 지식이다. 나무를 보지 말고 숲을 보라고 했던가. 작은 사은품에 현혹되어 인생의 도전인 유학을 망치지 일이 없어야겠다.

- 관광비자로 학업을 6개월까지 가능한 영국비자 특성상 연계연수까지 생각하면 굳이 복잡한 학생비자를 받을 필요가 없다. 그러다보니 검증되지 않은 학교상담을 받는 경우가 많이 있다. 유학원에서 상담하는 학교가 정부후원리스트 중 하나인 HTS 등급의 어학원들인지 체크하는 것이 좋다. 유학원의 전문성은 바로 질 높은 학교를 많이 알고 학생들에게 선택의 폭을 주는 것이 전문성이라는 것을 인지해야 된다.

3. 캐나다

캐나다도 다른 나라 어학연수와 비슷하다. 간략한 수속절차를 이야기하면 다음과 같다.

캐나다 도시선정 → 학교 선택 및 커리큘럼 선정 → 학교입학 신청 → 학비 내역서 발급 및 학비 송금 → 입학허가서 발급 → 학생비자 신청 → 항공권 구입(캐나다 비자수속 기간이 보통 2개월 정도 수준이므로 비자 받고 구매를 하지 말고 미리 프로모션 항공권 구매를 하도록 준비) → 유학생보험 가입 → 출국

위와 같은 과정으로 유학수속이 진행된다. 보통 캐나다 학생비자는 관광비자로 입국을 하더라도 학교를 최장 6개월까지 공부할 수 있는 비자다. 그러다보니 2개월 이상 유학수속기간이 드는 캐나다 학생비자 진행보다는 관광비자가 더 많다. 그렇지만 각 비자의 특성대로 장기간 공부 목적이라면 학생비자 발급을 하는 것이 좋고, 여행을 즐기면서 일반영어를 배우고자 하는 학생들은 짧은 연수기간과 절차가 어렵지 않은 관광비자로 가는 것이 답이다.

◐ 캐나다 유학원 선택 시 주의해야 되는 점

- 캐나다 학생비자 수속기간은 오래 걸리고 비자수속도 상당히 어렵다고 정평이 나 있다. 그와 반면에 최장 6개월 이내로 공부를 할 수 있다는 관광비자는 입학신청과 함께 학비만 학교에 내면 끝일 정도로 복잡하고 까다로운 캐나다 학생비자 절차가 생략되어 있다. 2천 년대 접어들면서 유학시장은 한 나라에서 머물며 공부를 하는 것이 아니라 또 다른 나라에서 이어서 공부를 하는 연계연수의 성격을 가진다. 한 나라에서 6개월 이상 공부하는 사람이 많지 않은 시점에서 캐나다에 대한 전문지식을 가지지 않은 사람들도 캐나다유학의 장점을 이야기하며 유학 상담을 하고 있는 것이 현실이다. 상황이 이렇다보니, 캐나다유학의 장점을 제대로 알고 제대로 된 유학을 하고 오는 사람들이 드물다. 오로지 유행코드에 맞게 캐나다가 뜨니까 캐나다 유학 상품을 팔다, 어떤 이슈로 인해 캐나다에 대한 관심이 줄어들면 또 다른 유행 하는 나라의 유학 상품을 팔면 그뿐인 유학원들이 즐비하다.

    전문가 집단은 점점 사라지고 비즈니스 유학시장이 되어버린 것은 꼼수가 가능해진 캐나다비자 조건 때문이다. 누차 이야기하지만, 캐나다 유학원 선정 시 캐나다 전문지식을 잘 알고 있는 유학원, 비자 특성도 모른 채 무조건 절차가 쉬운 관광비자만을 상담해주는 유학원은 피하도록 하자.

- 캐나다 비자 중에서 젊은이들에게 가장 큰 메리트를 느끼며 큰 인기를 얻고 있는 것이 바로 CO-OP비자다. 학생비자+취업비자 형식으로 받는 비자로서 어학연수 후 아르바이트를 목적으로 캐나다에 입국하는 학생이 받는 비자를 말한다. 그런데 이 비자가 악용되고 있다.(실제로 2014년 6월 이후로 일반학교 등록 후 CO-OP 비자발행은 불가하도록 이민법이 바뀌었다.) 취업비자는 보통 영주권과 연루가 되며, 취업알선을 미끼로 많은

돈을 요구하는 경우다.

30일이면 당신도 초콜렛 복근이 될 수 있다는 과장광고처럼 유학상품에서의 과장광고도 제재조치를 내릴 수 없다. 오로지 현명한 판단이 중요하다. 그런 점에서 캐나다 취업이 되면 무조건 영주권을 받을 있다는 것을 강조하며 돈을 요구하는 업체를 조심해라. 그리고 상식적으로 생각하라. 고용주가 고용하는 사람을 면접보지 않고 고용하는 일은 무슨 일일까?

4. 호주

호주 학생비자 수속 절차는 다음과 같다.

호주 도시 선정 → 학교선정 → 입학신청서 작성 → 인 보이스 발행 → 학비입금 후 입학허가서 발행COE → 보험OSHC 가입 → 호주학생비자 온라인 신청 → 신체검사 → 호주이민성에 추가 서류 제출 → 학생비자 승인 및 출국

호주는 사람마다 다르지만 통상적으로 4주 이내에 학생비자 승인이 나온다. 호주 같은 경우는 최저가 항공이 많은 편이고 경우에 따라서는 편도 기준으로 30만원 이내로도 항공권 구매가 가능하다. 호주 학생비자는 본인이 준비하는 것에 따라서 많은 돈을 아낄 수 있으니 미리미리 준비하도록 하자.

또한 학생들이 자주 호주 학생비자를 신청 시 착각하는 것이 호주 현지에 가면 더 저렴하다는 인식이다. 물론 학교를 장기간 다닐 계획이 없다면 그 말이 맞을 수 있지만 장기간 가려는 학생들은 학생비자를 현지에서 연장하는 것은 2013년 변경된 비자 법에 따라 본래 학생비자 신청비 535AU달러에서 가중금 700AU달러가 붙어 1천 235AU달러나 된다는 사실을 인지해야 한다. 배보다 배꼽이 더 크다는 속담이 달리 나온 것이 아니다.

❍ 호주 유학원 선택 시 주의해야 될 사항

- 호주 학생비자는 상대적으로 원어민 국가 학생비자에 비해서 간단하다. 그리고 관광비자는 12주까지 어학연수를 워킹비자는 17주까지 어학연수를 보장해주고 있다. 실질적으로 일반연수를 목적으로 가는 사람들은 학생비자 신청비가 비싸서 워킹비자를 선택해서 가는 경우가 요즘 호주유학흐름이다. 그런데 그 워킹비자가 호주유학시장의 분위기를 망치게 만들고 있다. 핸드폰 업체 방문해 최저가 핸드폰 구매하듯 학교를 협상하려 드는 학생들이 넘쳐나게 되었고, 그런 수요층에 의해 교육적 마인드를 가진 유학원들은 점차 진흙탕 싸움에 휘말리며 호주유학 지식 싸움이 아닌 마케팅 힘 싸움만 하고 있다. 호주 유학원 선택 시 비자 조건에 맞는 상황 설명보다는 저렴하다는 것을 미끼로 유학설명을 하는 유학원은 피하는 것이 좋다.

  앞서 이야기했지만, 각각의 비자는 특성이 있다. 관광비자는 여행을 위한 비자다. 호주워킹홀리데이 비자는 17주까지 공부가 가능하지만 비자특성은 문화교류 비자다. 학생비자는 말 그대로 영어공부를 위한 비자다. 오로지 수속절차가 쉽기 때문에 공부를 목적으로 가는 학생들에게 워킹비자를 권하는 유학원, 혹은 무조건 현지 와서 학교등록을 하는 것이 좋다고 이야기하는 유학원은 피하라. 유학이라는 것은 백과사전 식으로 정의내릴 수 없다. 각자 성향에 맞게 유학지식을 이야기해줄 수 있는 유학원을 선택하는 것이 좋다.

- 호주워킹홀리데이 문제와 함께 영주권 사기 문제가 크게 대두되고 있다. 그런데 이 상하리만치 호주유학원에서 취업알선 및 영주권 알선을 해주는 곳이 넘쳐나고 있다. 요즘 호주 워킹홀리데이 비자는 정말 아무나 갈 수 있다는 비자 특성 때문에 별의별 사람들이 호주로 들어가고 있다. 그리고 그 중에서 글을 잘 쓰는 사람이 잘못된 정보를 정보의 바다라 할 수 있는 인터넷에 올리면 그 정보가 진실이라고 여기

는 사람들이 많이 있다. 실제로 포털사이트 검색란 상담에 오른 파워 블로거는 순수함을 잃어버리고 유학원을 창업하는 경우도 있으며 알게 모르게 유학원들과 계약을 맺는 경우도 많다. 그러다보니 몇 십 년간 호주유학을 하던 교육마인드 가진 유학원들은 도태되는 것이 현실이다. 호주유학원 중 현재 본연의 업무인 유학 관련된 정보보다 일자리 알선 혹은 영주권 알선만을 이야기하는 곳을 조심해야 된다. 그리고 커뮤니티 장악력이 정보의 깊이가 아님을 인지하고 직접 내방해서 상담 받고 본인의 성향에 맞는 유학 상담을 해주는 곳을 선택해야 되겠다.

5. 아일랜드

아일랜드 유학은 다른 원어민 국가와는 다른 방식의 유학수속 절차가 있다. 아일랜드 학생비자는 관광 비자로 입국 후 아일랜드 현지에 있는 이민국에 본인 스스로 학생비자 신청을 한다. 학생비자 신청 시 필요한 서류는 학교에서 발행하는 스쿨 레터와 아일랜드 은행계좌를 오픈한 후 잔고내역증명서를 제출하면 된다.

여기에서 주의할 점은 아일랜드 유학수속의 절차가 한국에서 이뤄지는 것과 아일랜드에서 이뤄지는 것이 같다고 생각하는 점이다. 다시 말해 한국에서 아일랜드 유학수속을 하는 것보다, 아일랜드 현지에 무비자로 간 뒤 학교수속을 하는 것이 더 낫다고 생각한다는 것이다. 그렇지만 이 경우, 몇몇 항공사에서는 입학허가서가 없이 편도 항공권만 구입할 경우 불법체류를 우려하여 비자를 요구하는 경우가 있다. 실제로 어떤 학생은 입국을 거부당하는 사례도 있다는 점을 기억해야 한다.

그렇기 때문에 아일랜드 학생비자를 받고 가는 경우면 한국에서 입학신청 → 학비 송금 → 입학허가서 수령 → 출국의 과정으로 유학수속을 진행하는 것이 좋다.

아일랜드 공항 입국 심사에서 한 달만 머무를 수 있는 임시 학생비자를 발급 받은 후 한 달 이내 해당 지역 경찰서 내에 위치한 출입국 관리 사무소에 가서 학생비자 연장을 신청하는 절차로 아일랜드 유학수속은 진행된다.

아일랜드 유학원 선택 시 주의할 점

- 아일랜드유학에는 다른 나라 학생비자와는 다른 독특한 시스템이 하나 있다. 그것은 6+6제도다. 6개월 어학연수 수속을 하면 그 기간 동안은 주 20시간 일을 할 수 있고 나머지 6개월은 풀타임으로 일을 할 수 있는 비자가 나온다는 점이다. 그런데 여기에서 유학원의 능력이 판가름 난다. 그 이유는 아일랜드의 모든 학교가 6개월 학교등록을 하면 나머지 6개월 동안 풀타임 일을 할 수 있는 비자가 나오는 것이 아니기 때문이다.

    유행처럼 아일랜드 유학 상담을 하는 유학원들은 그런 학교들을 알 리가 없다. 그런 점에서 아일랜드 유학원을 선택 시 좋은 어학원 선택도 중요하지만 본인이 가고자 하는 목적 6+6학생비자를 충족할 수 있는 학교 리스트를 뽑아줄 수 있는 유학지식을 가지고 있는 유학원을 선택해야 된다.

- 아일랜드 유학은 다른 나라 어학연수에 비해서 유학비자 자체의 장점이 많이 존재한다. 그 중에서 6개월 일을 하면 주 20시간 일을 할 수 있고, 6개월 풀타임 일을 할 수 있는 비자가 존재하는 것은 경제가 어려운 지금 이 시점에서 아일랜드 유학은 크나큰 장점을 선사한다. 그러다보니 아일랜드 방문조차 한 적 없는 유학원들이 너도나도 할 것 없이 아일랜드 유학전문 유학원이라고 광고하며 유학 상품을 판매한다. 이들의 대부분은 아일랜드 유학의 장점을 알고 있을 뿐 정말 중요한 아일랜드 학교의 장단점을 모른다.

    아일랜드 유학원 선택 시 중요하게 봐야 될 점은 아일랜드 유학의 장점을 이야기하며 정작 중요한 아일랜드 학교의 종류와 특징을 모르는 유학원은 배제해야 된다는 점이다. 아일랜드 전 지역의 특성과 학교의 장단점을 파악하고 있는 전문성 있는 아일랜드 유학원을 선택하도록 하자.

6. 필리핀

현재 유학시장이 지저분해진 것이 필리핀 유학 때문이라고 이야기하는 전문가들이 많다. 그 이유는 아무런 정보지식 없이 학교 관계자가 이야기해주는 매뉴얼을 가지고 모객만 잘하면 되는 것이 필리핀유학시장이기 때문이다. 그러다보니 현재 필리핀유학 시장은 전문가가 아닌 사람들이 온라인 커뮤니티 시장이 조금이라도 활발해지면 공동구매식으로 유학소속이 이뤄지는 것이 사실이다.

실제 필리핀 유학수속은 입학신청 그리고 학비 입금이 끝이다. 학생비자를 받을 필요도 없고 오로지 입학신청과 학비 입금만 하면 저렴하게 항공권만 구매하고 가면 끝이다. 필리핀유학에서 중요하게 알아야 되는 것은 두 가지다. 바로 TESDA와 SSP다.

TESDA는 필리핀 기술교육 및 개발위임기관에 어학연수, 학교입학 등 정식인가 등록이 되었는지 확인할 수 있는 서류로, 일반강사가 아닌 정식 강사에게 자격증을 부여하고 계속적으로 교육관리 하는 기술교육기관을 말한다. TESDA발급은 학원시설, 강사의 자격 여부, 구비서류 등등이 갖춰진 교육기관만 받을 수 있으며, 가지고 있지 않다면 앞의 자격요건에 충족하지 않았다는 증거가 될 수 있다.

이와 함께 SSP는 필리핀 기술 교육 및 개발위임기관에 어학연수, 학교입학 등 정식인가 등록이 되었는지 확인할 수 있는 서류로, 일반강사가 아닌 정식강사에게 자격증을 부여하고 계속적으로 교육관리 하는 기술교육기관이다. 필리핀학교에서 TESDA 발급이 없다는 이야기는 학원시설, 강사의 자격 여부 등의 심사에 떨어진 학교라는 것을 반증한다. TESDA 서류가 없다는 것은 SSP가 없다는 것을 의미한다.

SSP란 필리핀에서 영어공부를 할 수 있는 허가증이다. 정식 허가업체에서 공부를 하지 않는 경우 출국 시 문제가 발생할 수 있다. 현재 유학전문가가 필리핀유학 상담을 하는 경우는 TESDA와 SSP발급업체의 학교를 소개시켜준다. 그리고 그런 학교를 소개시켜주는 것이 유학원의 의무다. 하지만 커뮤니티 형식으로 힘을 기른 몇몇 업체들은 그런 전문지식 없이 공동구매 형식으로 유학 상품을 판매하고 있다. 최소한 유학원을 방문 전 TESDA와 SSP에 관해 제대로 인지하고 내방하기 바란다.

◐ 필리핀유학원 선택 시 주의해야 될 점

■ 무조건 저렴하다는 것을 강조하는 곳은 피해라. 앞서 이야기했지만, 유학은 공동구매로 저렴하게 판매되는 상품이 되어서는 안 된다. 제품을 만들어놓고 선착순 판매가 아닌 장인정신을 가지고 본인의 성향에 맞는 유학 상담을 해주는 곳이 좋다. 실제로 필리핀유학을 생각하는 대부분은 유학원을 찾아가면 세부와 마닐라 그리고 바기오의 어학원만 추천 받는 것을 알 수 있다.

물론 학교가 많이 몰려있기 때문에 좋은 학교가 많은 것은 사실이다. 하지만 안타깝게도 그것이 다가 아니다. 대부분의 유학원들은 국내선을 갈아타는 수고(?)를 해야 되는 지역을 싫어한다. 그러다보니 세부, 마닐라, 바기오 정도 수준에서의 유학을 추천하는 것이다. 필리핀 전 지역의 특성을 설명할 줄 아는 유학원. 그런 유학원이 여러분들의 성향에 맞는 어학원 선택을 도와줄 수 있다.

■ 필리핀유학의 가장 큰 문제는 필리핀 학교가 부도가 날 시 어떠한 구제방법도 없다는 사실이다. 대부분 다른 나라 유학 같은 경우는 학생들을 구제할 수 있는 제도가 마련되어 있다. 하지만 필리핀유학은 안타깝게도 학교가 도산할 시 다른 학교에서 그 학생을 받아주지 않는 한 학생은 미아가 된다. 그러다보니 필리핀유학을 갈 때 유학원 선정을 잘 해야 된다. 특히나 필리핀유학을 선택하는 학생들의 대부분은 저렴한 금액으로 학교가기를 원해서 무조건 온라인상으로 최저가 쇼핑하듯 연수비용을 체크하고 유학원 선택을 하는 경우가 많다.

그렇지만 그것이 바로 필리핀유학사기 사건이 일어나는 이유다. 저렴하게 유학을 보내주겠다고 하며 본인 계좌로 학비입금을 받고 학교에 입금을 보내지 않고 잠적하는 것이다! 온라인으로만 존재하는 유학원은 피해라. 직접 유학원을 찾아가서 본인에게 맞춤형 유학 상담을 해줄 수 있는 유학원 선택을 하라. 제발.

7. 기타 유학연수 지역

대부분의 유학연수 지역은 학교등록 후 인보이스 발행 및 학비 송금 후 입학허가서 발행 등으로 유학수속 절차가 간편하다. 간편하다는 것이 좋은 점 같아 보이지만 복잡한 절차가 요구하지 않으면 문제점이 많아진다는 것이 유학전문가들의 전언이다. 실제로 유학사기 사건에 대부분이 유학수속이 쉬운 지역에서 이뤄지는 것이 그 이야기의 힘을 실어준다. 그런 점에서 유학원 선택을 잘해야 유학사기 사건에 연루되지 않는다.

> **● 유학원 선택 시 중요하게 봐야 되는 점**
>
> 유행을 타는 유학원이 아닌 전문유학원을 찾아라. 한창 호주유학이 붐을 이뤘을 때 전국은 모두 호주전문유학원 간판을 들고 호주유학 상품을 팔았다. 그런데 요즘은 필리핀연수가 대세가 되니 필리핀전문유학원 간판이 이곳저곳 달리고 있다. 감자탕 잘하는 집이 해장국도 잘 할 수도 있지만 순수하게 해장국만 전문으로 하는 집을 이길 수는 없다. 유학원 선택 시 절대로 유행에 휩쓸려 자주 간판 바꾸는 유학원을 경계해야 된다. 앞서서 이야기했지만 유학은 전국이 들썩이는 수능시험으로 인해 정해진 인생 등급을 바꿀 수 있는 기회다.
>
> 그런 점에서 자신의 인생에 직언을 해줄 수 있는 그런 유학원을 찾아라. 자신을 돈으로 생각하는 유학원을 선택한 순간 사회에서 도태되는 자신을 발견하게 된다는 것을 기억해야 된다.